वेनिस का सौदागर

शेक्सपियर

अनुवाद : डॉ. रांगेय राघव

राजपाल

अनुवाद
रांगेय राघव

ISBN : 9789350642061

संस्करण : 2019

हिन्दी अनुवाद © राजपाल एण्ड सन्ज़

VENICE KA SAUDAGAR (Play) by Shakespeare

राजपाल एण्ड सन्ज़

1590, मदरसा रोड, कश्मीरी गेट, दिल्ली-110006

फोन : 011-23869812, 23865483, 23867791

website : www.rajpalpublishing.com

e-mail : sales@rajpalpublishing.com

www.facebook.com/rajpalandsons

शेक्सपियर : संक्षिप्त परिचय

विश्व-साहित्य के गौरव, अंग्रेज़ी भाषा के अद्वितीय नाटककार शेक्सपियर का जन्म 26 अप्रैल, 1554 ई. को स्ट्रेटफोर्ड-आन्-ऐवोन नामक स्थान में हुआ। उसकी बाल्यावस्था के विषय में बहुत कम ज्ञात है। उसका पिता एक किसान का पुत्र था, जिसने अपने पुत्र की शिक्षा का अच्छा प्रबन्ध भी नहीं किया। 1582 ई. में शेक्सपियर का विवाह अपने से आठ वर्ष बड़ी ऐन हैथवे से हुआ और सम्भवत: उसका पारिवारिक जीवन सन्तोषजनक नहीं था। महारानी एलिज़ाबेथ के शासनकाल में 1585 में शेक्सपियर लन्दन जाकर नाटक-कम्पनियों में काम करने लगा। हमारे जायसी, सूर और तुलसी का प्राय: समकालीन यह कवि यहीं आकर यशस्वी हुआ और उसने अनेक नाटक लिखे, जिनसे उसने धन और यश दोनों कमाए। 1612 ई. में उसने लिखना छोड़ दिया और अपने जन्मस्थान को लौट गया और शेष जीवन उसने समृद्धि तथा सम्मान से बिताया। 1616 ई. में उसका स्वर्गवास हुआ।

इस महान नाटककार ने जीवन के इतने पहलुओं को इतनी गहराई से चित्रित किया है कि वह विश्व-साहित्य में अपना सानी सहज ही नहीं पाता। मारलो तथा बेन जानसन जैसे उसके समकालीन कवि उसका उपहास करते रहे, किन्तु वे तो लुप्तप्राय हो गए और यह कविकुल-दिवाकर आज भी देदीप्यमान है।

शेक्सपियर ने लगभग 36 नाटक लिखे हैं—कविताएँ अलग। उसके कुछ प्रसिद्ध नाटक हैं—जूलियस सीज़र, ऑथेलो, मैकबेथ, हैमलेट, लियर, रोमियो जूलियट (दु:खान्त); ग्रीष्म-मध्यरात्रि का स्वप्न, वेनिस का सौदागर, बारहवीं रात, तिल का ताड़ (मच एडू अबाउट नथिंग) तूफ़ान (सुखान्त)।

इनके अतिरिक्त ऐतिहासिक नाटक तथा प्रहसन भी हैं। प्राय: उसके सभी नाटक प्रसिद्ध हैं।

शेक्सपियर ने मानव-जीवन की शाश्वत भावनाओं को बड़े ही कुशल कलाकार की भाँति चित्रित किया है। उसके पात्र आज भी जीवित दिखाई देते हैं। जिस भाषा में शेक्सपियर के नाटकों का अनुवाद नहीं है, वह उन्नत भाषाओं में कभी नहीं गिनी जा सकती।

भूमिका

'**मर्चेन्ट ऑफ वेनिस**' (वेनिस का सौदागर) का विषय शेक्सपियर से पूर्व ही व्यवहृत हो चुका था—इसका पता समसामयिक सूत्रों से भली प्रकार चलता है। इसके कथानक की रूपरेखा सर जियोवानी फिओरेण्टिनी की इटैलियन पुस्तक 'इलपेकोरोन' से बहुत कुछ साम्य रखती है। उपलब्ध सामग्री से यह ज्ञात होता है कि शेक्सपियर ने अपने इस नाटक की रचना सन् 1598 से पूर्व की थी। इसकी कथावस्तु भी शेक्सपियर को एक ऐसे देश से प्राप्त हुई जिसका प्रभाव एलिज़ाबेथ-कालीन इंग्लैण्ड की संस्कृति पर प्रभूत मात्रा में पड़ा था।

'मर्चेन्ट ऑफ वेनिस' की कथावस्तु नितान्त रोचक है। वेनिस शहर का एक सुन्दर और सजीला नौजवान बैसैनियो तीन caskets (जवाहरात और शव की राख रखनेवाले बक्सों) को प्राप्त करने के लिए अपना भाग्य आज़माने बेलमोन्ट तक की यात्रा को जाने के लिए उत्सुक है क्योंकि इन तीन पिटारों पर अपना भाग्य आज़मा लेने पर ही वह सुन्दरी पोर्शिया के हृदय को जीत सकने में समर्थ हो सकता है। बैसैनियो स्वभावत: बड़ा खर्चीला है और अपने धन को पानी की तरह बहाता है। अत: जब बेलमोन्ट की यात्रा पर जाने के लिए उसे धन की आवश्यकता पड़ती है तो वह अपने ऐन्टोनियो नाम के एक व्यापारी मित्र से धन उधार माँगता है। किन्तु ऐन्टोनियो का सारा धन व्यापार में लगा होने के कारण समुद्र पर जहाज़ में था, जिससे वह अपने पास से उसे न देकर शाइलॉक नामक एक यहूदी से तीन हज़ार स्वर्ण मुद्राएँ कर्ज़ दिला देता है। कर्ज़ लेते समय कितना

आश्चर्यजनक 'तमस्सुक' (बॉण्ड) भरा जाता है, बैसैनियो को अपने लक्ष्य की प्राप्ति में कहाँ तक सफलता प्राप्त होती है और वह कैसे निश्चित समय पर शाइलॉक का कर्ज़ चुकाने में असमर्थ रहता है तथा उसका मित्र ऐन्टोनियो किस प्रकार दुर्भाग्य की क्रूर लपेट में आता है एवं इस भयानक परिस्थिति से किस प्रकार पोर्शिया इनकी रक्षा करती है—यही सब 'मर्चेन्ट ऑफ वेनिस' में वर्णित है।

'मर्चेन्ट ऑफ वेनिस' शेक्सपियर के नाटकों में अन्यतम है और अत्यन्त लोकप्रिय हुआ है।

—रांगेय राघव

पात्र-परिचय

वेनिस का ड्यूक

मोरक्को का राजकुमार
अरागोन का राजकुमार   } पोर्शिया के प्रेमी

ऐन्टोनियो : एक व्यापारी

बैसैनियो : ऐन्टोनियो का मित्र और पोर्शिया का प्रेमी

सैलैनियो
सैलैरिनो
ग्रेशियानो   } ऐन्टोनियो और बैसैनियो के मित्र
सैलैरियो

लौरैन्जो : शाइलॉक की पुत्री जैसिका का प्रेमी

शाइलॉक : एक धनवान् यहूदी

ट्यूबॉल : एक यहूदी : शाइलॉक का दोस्त

लॉन्सलौट गोब्बो : शाइलॉक का सेवक

वृद्ध गोब्बो : लॉन्सलौट का पिता

लियोनार्डो : बैसैनियो का सेवक

स्टीफेनो
बालथाजर   } पोर्शिया की सेविकाएँ

पोर्शिया : एक धनी कन्या, उत्तराधिकारिणी

नैरिसा : पोर्शिया की अन्तरंग सेविका

जैसिका : शाइलॉक की पुत्री

[न्यायालय का क्लर्क, वेनिस के रईस, न्यायालय के अफसर, बन्दीग्रह का अध्यक्ष, पोर्शिया के सेवक, अन्य दर्शक इत्यादि]

पहला अंक

दृश्य 1

[वेनिस-पथ]

[ऐन्टोनियो, सैलैरिनो और सैलैनियो का प्रवेश]

ऐन्टोनियो : सच कहता हूँ, मैं नहीं जानता, मैं इतना उदास क्यों हूँ। यह उदासी मुझे खाए जा रही है। यहाँ तक कि इससे तुम्हारा मन भी बोझिल होने लगा है। किन्तु मैं स्वयं नहीं जानता कि आखिर यह है क्या। क्यों घेर लिया है इसने मुझे, क्यों छा गई यह वेदना मुझ पर! मैं तो जानता भी नहीं कि अचानक ही इसका उदय कैसे हो गया! आह! इस विषाद ने मुझे ऐसी व्यापकता से ग्रस लिया है, मेरी चेतना को ऐसा पराभूत कर दिया है कि मैं तो अपने-आपको भी सरलता से पहचान तक नहीं पाता!

सैलैरिनो : तुम्हारा मन समुद्र की लहरों के थपेड़े खा रहा है। यहाँ दीर्घ पालों वाले तुम्हारे विशाल जहाज़ वैभव और गौरव से उन्मत्त तरंगों पर चलते हैं मानो वे समुद्र की भव्य यश:काया हैं जो छोटे जहाज़ों की सलामियाँ लेते हुए बढ़ते हैं। उनका उन्नत शीश अपने से छोटों को अकिंचन समझकर और ऊपर उठ जाता है और वे छोटे पोत अपनी क्षुद्रता में दीन मन से अपने विनीत पाल फैलाए अभिवादन करते हुए इधर-उधर घूमा करते हैं।

सैलैनियो : विश्वास करो, यदि मैं तुम्हारे स्थान पर होता, तो ऐसे उत्तुंग लहरों वाले प्रचण्ड समुद्र पर अपने ऐसे जहाज़ों को भेजकर सदैव उनकी चिंता से ग्रस्त रहता। क्षण-क्षण घास उड़ाया करता और देखता की हवा का रुख किधर है। हर क्षण नक्शों पर रहतीं मेरी आँखें

और बन्दरगाहों और समुद्रतीर के नगरों को ढूँढ़ा करता; जहाँ-जहाँ मेरे जहाज़ों को तूफान और खतरों में शरण मिल सकती, उनको ही देखा करता।

सैलैरिनो : अगर मैं अपने शोरबे को फूँक मारकर ठण्डा करता होता, तो मुझे याद आ जाती उन भयानक तूफानों की जो मेरे जहाज़ों को नुकसान पहुँचा सकते और बस इस विचार से ही मेरे तो रोंगटे खड़े हो जाते! कभी अगर मेरी नज़र घड़ियाल की धसकती बालू पर आती, तो तुरन्त मुझे ध्यान आ जाता उन मछलियों के झुण्डों और रेतीले समुद्री किनारों का जिनमें बहुमूल्य वस्तुओं से लदे जहाज़ जाकर फँस जाते हैं और ऊँचे-ऊँचे मस्तूल भी झुक जाते हैं; वहीं उनकी कब्र बन जाती है और वे सदैव के लिए विनष्ट हो जाते हैं। कभी मैं गिरजे में जाता और उपासना-स्थल की पत्थर की इमारत को देखता तो मुझे फौरन समुद्र में डूबी हुई उन भयानक चट्टानों का खयाल आ जाता जिनसे मामूली तरह से टकराकर मेरे जहाज़ खण्ड-खण्ड हो जाते और उनकी बहुमूल्य सामग्री और रेशमी माल इत्यादि टूट-फूटकर नष्ट-भ्रष्ट होकर लहरों पर बिखर-बिखरकर बहने लगते। वे जो कि अपार सम्पत्तियुक्त होते, वे ही केवल विध्वंसमात्र बच रहते। यदि अपने जहाज़ों पर टूटने वाली इन विपत्तियों का मैं विचार करता रहता तो ऐसे विनाशजन्य विषाद ने मुझे भी सदा के लिए आक्रान्त कर लिया होता। तुम नहीं कह सकते ऐन्टोनियो! कि मेरी कल्पना अनुचित है। मैं पक्की तरह से कह सकता हूँ कि इन जहाज़ों की चिन्ता ने ही तुम्हें इतना उदास बना दिया है।

ऐन्टोनियो : मेरा विश्वास करो कि यह गलत है। यह मेरा सौभाग्य ही समझो कि मैंने अपना सारा कीमती माल एक ही जहाज़ में नहीं लादा, न मेरे सब जहाज़ कहीं एक ही जगह गए हैं। इस वर्ष के व्यापार पर मेरा भाग्य बिलकुल निर्भर नहीं है। मुझे समुद्र पर गए अपने जहाज़ों की तो तनिक भी चिन्ता नहीं हो रही है।

सैलैरिनो : यदि ऐसा है तो तुम्हारे दु:ख में पड़े रहने का कारण यही है

कि तुम्हें प्रेम की पीड़ा हो रही है।

ऐन्टोनियो : क्या ऊटपटाँग बात है!

सैलैरिनो : ऊटपटाँग तो यह है कि तुम्हारी उदासी का कारण न व्यापार है, न प्रेम ही। तब एक ही बात कही जा सकती है कि तुम्हारा दिल खुश नहीं है और यदि तुम उदास न होते तो आनन्द से चंचल हो उठते। द्विशिरस् देवता जेनस की शपथ! प्रकृति ने भी अपने क्षेत्र में कैसी-कैसी विचित्रताओं का निर्माण किया है! कुछ में तो ऐसी मस्ती भरी रहती है कि वे हर समय हर बात पर हँसते रहते हैं, यहाँ तक कि वे बिला वजह, बिला तुक एक संगीत-वादक के वाद्ययन्त्र को ही देखकर हँस सकते हैं, जैसे तोते किलकिलाया करते हैं। और कुछ ऐसे होते हैं कि चेहरे पर गम छाया रहता है और ऐसी बातें कि जो कथाओं में वर्णित यूनान के गम्भीरतम व्यक्ति नेस्टर को भी हँसा देतीं, उन्हें विचलित नहीं करतीं। यह भी नहीं कि ज़रा मुस्कराते में उनके दाँत ही दीख जाएँ! मजाल है!

ऐन्टोनियो : यह लो ग्रेशियानो और लौरेन्ज़ो के साथ तुम्हारा कुलीन बन्धु बैसैनियो आ रहा है। अच्छ हमें विदा दो, हम तुम्हें कहीं अच्छा संग देकर जा रहे हैं।

सैलेरिनो : मैं तो तब तक रुकता जब तक तुम्हें हँसा न देता, किन्तु अब तुम्हारे योग्यतम मित्र आ गए हैं।

ऐन्टोनियो : तुम दोनों का मूल्य मेरे लिए किसी भी रूप में कम नहीं है। मुझे तो ऐसा लगता है कि तुम्हें इस समय कहीं कोई काम है और तुमने निकल जाने का यह अवसर ढूँढ़ लिया है।

[बैसैनियो, लौरेन्ज़ो और ग्रेशियानो का प्रवेश]

सैलैरिनो : नमस्कार! श्रीमन्तो! नमस्कार!

बैसैनियो : आह, मेरे अच्छे दोस्तो! कब आएगा वह समय जब हम कभी मिलकर आनन्द मनाएँगे? इतनी जल्दी हमें छोड़कर क्यों जा रहे हो? ऐसा लगता है जैसे तुम तो हमारे लिए बिलकुल अजनबी होते जा रहे हो! क्या ऐसा करना उचित है?

सैलैरिनो : फिर कभी तनिक अवकाश में हम अवश्य उपस्थित होंगे। इस समय क्षमा करना।

[सैलैरिनो और सैलैनियो का प्रस्थान]

लौरेन्जो : प्रिय श्रीमन्त बैसैनियो! अब तो ऐन्टोनियो आपको मिल ही गए हैं, तो हम भी जाते हैं। लेकिन रात को खाते समय...मेहरबानी करके भूल न जाना, याद है न आपको वहाँ पहुँचना है?

बैसैनियो : मैं ज़रूर पहुँच जाऊँगा तुम्हारे यहाँ।

ग्रेशियानो : श्रीमन्त ऐन्टोनियो! क्या बात है? तबीयत ठीक नहीं है? लगता है कि दुनियादारी के जंजालों ने बहुत अधिक जकड़ लिया है आपको! यह याद रखना कि जो सारी चिन्ता की कीमत देकर इसे खरीदते हैं, वे बाकी सब कुछ खो देते हैं। विश्वास करना! बहुत-बहुत बदले हुए दिखाई देते हो।

ऐन्टोनियो : ग्रेशियानो! मैं तो दुनिया को जैसी देखता हूँ न, वैसी ही स्वीकार कर लेता हूँ। यह संसार एक रंगमंच है, जहाँ हर कोई अपने भाग का अभिनय करता है, और यह मेरा दुर्भाग्य है कि मुझे दु:ख का भाग प्राप्त हुआ है।

ग्रेशियानो : मैं तो विदूषक बनूँगा। हँसते-खेलते ही बूढ़ा हो जाना चाहता हूँ। आनन्द और हास्य ही मेरे चेहरे पर झुर्रियों का ताना-बाना बुनें, न कि चिन्ताएँ। मेरे जिगर को शराब की भभक गर्म रखे यही अच्छा है बनिस्बत इसके कि सर्द आहें मेरे दिल को ठण्डा कर दें, कराहें मेरी रगो को भिगो दें। ये चीज़ें तो ज़िन्दगी को तबाह कर देती हैं। एक स्वस्थ युवक जिसकी नसों में स्फूर्ति और शक्ति धड़कती है, उसे ऐसा पीला पड़ जाने का कारण? जैसे अपने परदादा की संगमरमर की मूर्ति हो; ठण्डी, निर्जीव! क्यों न उसमें जीवन गमका करे! चिड़चिड़ाहट की रफ्तारों में आखिर क्यों वह एक दिन पीलिया का शिकार बनकर ही रहे? सच मानो ऐन्टोनियो! मैं तुमसे प्रेम के नाते ही कहता हूँ कि इस दुनिया में आदमियों की एक ऐसी किस्म

भी है कि उनके चेहरों पर ऐसा स्थिर, जड़ और अपरिवर्तनशील भाव बना रहता है जैसे किसी शान्त, गतिहीन तालाब के पानी की सतह पर गन्दी काई जम जाती हो। वे जान-बूझकर गम्भीर बनते हैं और चुप बने रहते हैं ताकि उन्हें यह सस्ता यश मिल जाए कि वे बड़े बुद्धिमान् हैं, बड़े गम्भीर हैं और उनमें विचारों की बड़ी गहराई है। कभी-कभी बोलकर वे ऐसा खयाल पैदा करने की कोशिश करते हैं जैसे सब वे बोलते हैं तो कोई पैग़म्बर बोलता है, जिसको कोई काटने की हिम्मत न करे और उनकी बात को ज्यों का त्यों स्वीकार कर लिया जाए। लेकिन मेरे ऐन्टोनियो! ऐसों का यश तो सिर्फ़ इसी बात पर निर्भर करता है कि वे हठ करके मौन साधे रहते हैं। मुझे विश्वास है कि अगर वे बोल जाएँ तो समझो कि गज़ब की बेवकूफी ज़ाहिर हो और सुनने वाले तुरन्त उनको मूर्ख ही समझें। इस बारे में हम फिर भी बातचीत करेंगे। लेकिन व्यर्थ क्या चक्कर में पड़े हो! वह यश तो कमाने योग्य भी नहीं है जो मूर्खों में भले ही स्तुत्य हो, मगर दुःख के लासे से ऐसे यश की मछली पकड़ना इस लायक काम तो नहीं कि उसमें उलझे रहा जाए! चलो, मित्र लौरेन्ज़ो! भोजन के उपरान्त फिर मैं अपनी बात समाप्त करूँगा।

लौरेन्जो : तो फिर खाने के वक्त तक के लिए हम जा रहे हैं। मुझे लगता है कि मुझे भी वैसा ही मौन बुद्धिमान बनने को विवश होना पड़ेगा जिसका अभी ग्रेशियानो ने वर्णन किया है, क्योंकि यह आदमी इतना बातूनी है कि मुझे मुँह खोलने का मौका ही नहीं देता।

ग्रेशियानो : सच कहता हूँ, दो साल और मेरे साथ रह लो, तुम अपनी आवाज़ भी पहचानना भूल जाओगे।

ऐन्टोनियो : अच्छा विदा! जो कुछ ग्रेशियानो ने कहा है उसे अपने विचार में रखते हुए अब भविष्य में अधिक बोलने का अभ्यास करूँगा।

ग्रेशियानो : क्या बात कही है! वाह! शाबाश! चुप रहना या तो एक खुश्क ज़बान के बैल के लिए तारीफ की चीज़ है या फिर शादी के लिए नाकाबिल लड़की के लिए।

[ग्रेशियानो और लौरेन्ज़ो का प्रस्थान]

ऐन्टोनियो : क्या कह गया यह तमाम सब!

बैसैनियो : न कुछ, पर जितना ज़्यादा ग्रेशियानो बोल सकता है, वेनिस में तो उसकी टक्कर का कोई है नहीं। पूरी दो भूसे की ढेरियों में सिर्फ़ दो दाने गेहूँ के मिल जाएँ, बस उसकी ढेर-ढेर बातों में मतलब की इतनी ही मिल जाएँ तो भी बहुत समझो। पूरा दिन आप इसी में बरबाद कर दीजिए कि आख़िर इतना बोल रहा है, उसमें कुछ अक्ल की भी कहता है, तो मजाल है कि ढूँढ़े से भी मिल जाए? और किस्मत से एक-आध मिल भी गई तो फिर इसका अफ़सोस शुरू कीजिए कि आपकी इतनी कड़ी मेहनत का कितना नाचीज़ मुआवज़ा आपके हाथ आया।

ऐन्टोनियो : छोड़ो, यह बताओ, वह कौन-सी स्त्री है जिससे तुम गुप्त रूप से मिलना चाहते हो। याद है न? तुमने आज मुझे सब कुछ बता देने का वादा किया था!

बैसैनियो : और मेरे ऐन्टोनियो! तुमसे तो कुछ छिपा नहीं है कि मैंने अपनी चादर के बाहर पाँव फैलाकर ही अपनी शान कायम रखी है। इतनी आमदनी भी कहाँ मेरी, जो इतना दिखावा निभ जाता। मेरी सम्पत्ति का काफ़ी से ज्यादा हिस्सा तो इसी में खर्च हो चुका है। और अब जाकर अपना खर्च घटाया है तो क्या मुझे इसका खेद होगा? लेकिन प्रश्न तो यह है कि किस सम्माननीय ढंग से अपना ऋण चुका डालूँ कि बात भी बनी रह जाए? मैं जो गर्दन तक डूबा हुआ हूँ। ऐन्टोनियो! तुमने मुझे कितनी मदद दी है, क्या कहूँ, धन भी दिया और स्नेह भी। मैं क्या कभी इसे भूल सकता हूँ? तुम्हारा असीम प्रेम और तुम्हारी सहायता देने की तत्परता ही मुझे आज यह स्पष्ट कह देने की प्रेरणा देते हैं कि मैं तुम्हें अपने सारे ऋण चुका देने की योजना बता दूँ।

ऐन्टोनियो : मेरे बैसैनियो! मुझे बताओ, मैं कहता हूँ कुछ छिपाना नहीं। अगर वह अच्छी योजना है और होगी ही, क्योंकि तुम स्वयं अच्छे

हो, मैं विश्वास दिलाता हूँ कि मैं, मेरा धन, मेरी हर तरकीब, तुम्हारी आवश्यकता पूर्ण करने के लिए तत्पर हैं।

बैसैनियो : अपने स्कूल के दिनों में जब निशाना लगाते वक्त एक तीर चूक जाता था तब मैं वैसा ही दूसरा तीर चलाता था, उसी दिशा में, उसी ज़ोर से। फिर उसे लक्ष्य की ओर जाते देखता था चुपचाप और अक्सर मुझे दोनों ही तीर मिल जाया करते थे। मैंने तुम्हें बचपन के अनुभव की बात इसलिए बताई है कि मेरी योजना इस वक्त भी ऐसी ही बचपन की-सी है, बिलकुल मासूम। वैसे ही मैं तुम्हारा काफ़ी कर्ज़दार हूँ। एक खर्चीले नौजवान की तरह सब कुछ खर्च कर चुका हूँ। लेकिन अगर तुम चाहो कि उसी दिशा में दूसरा तीर मारो जिधर पहला मारा था, मुझे इसमें संदेह नहीं, क्योंकि लक्ष्य की ओर मैं देख रहा हूँ, तुम्हारे दोनों तीर तुम्हें मिल जाएँगे। अगर यह नहीं हुआ तो इस बार की दी हुई रकम तो तुम्हें मिल ही जाएगी और रही पहले कर्ज़े की बात, सो मैं उसके लिए कृतज्ञ ही हूँ और सदैव स्मरण रखूँगा।

ऐन्टोनियो : घुमा-फिराकर बात करके अपना समय नष्ट करने में तुम्हें क्या मिलेगा? और वह भी तब, जब तुम जानते हो कि तुम्हारे प्रति मेरे हृदय में क्या भावनाएँ हैं। मुझे तो इसका ही दुःख है कि तुम इसमें भी संदेह करते हो कि जितना मुझसे बन सकेगा उतना मैं तुम्हारे लिए करूँगा। तुम मेरी सारी दौलत लो तो मुझे गम न हो। साफ़-साफ़ बता दो कि तुम मुझसे क्या मदद चाहते हो! मैं तैयार हूँ, जो कर सकता हूँ अवश्य करूँगा। बोलो!

बैसैनियो : बेलमोन्ट में एक स्त्री है जो अपने पिता की मृत्यु के उपरान्त एक धनी उत्तराधिकारिणी बनी है। बड़ी अनुपमेय सुन्दरी है और वैसे ही उसमें अतुलनीय गुण भी हैं। कभी-कभी पहले जब मैं उससे मिलता था, उसकी आँखें मुझसे कहती थीं मानो उसके हृदय में मेरे लिए कुछ स्थान था। उसका नाम है पोर्शिया और किसी भी तरह केटो की पुत्री पोर्शिया से कम नहीं, जिसका कि ब्रूटस से विवाह

हुआ था। यह भी नहीं कि संसार में उसके गुणों से लोग अपरिचित ही हों, क्योंकि चारों दिशाओं से उसके विवाहेच्छुक प्रेमी आ रहे हैं। उसकी सुनहली लटें उसके कानों के पास झूला करती हैं, बेल्मोन्ट में उसका निवास-स्थान दूसरा कोलचोस[1] समुद्र-तीर हो गया है जहाँ आधुनिक जेसन[2] इकट्ठे हुआ करते हैं उसके लिए। प्रिय ऐन्टोनियो! काश मैं भी उनमें से किसी से स्पर्धा करने के योग्य हो जाता! न जाने क्यों मुझे विश्वास-सा होता है कि मैं अवश्य सफल होऊँगा, निस्संदेह मुझे सफलता मिलेगी।

ऐन्टोनियो : तुम तो जानते ही हो कि इस समय मेरा सारा धन जहाज़ों में गया हुआ है। अब इस वक्त न मेरे पास धन है, न कोई माल ही कि इतना धन इकट्ठा कर सकूं। लिहाज़ा, चलो, वेनिस में मेरे नाम की साख जो उठा सके उसी को काम में लाया जाए। जितना भी वह कर सके, मुझे स्वीकृत है, ताकि तुम सुन्दरी पोर्शिया के पास बेलमोन्ट पहुँच सको। शीघ्र जाकर तलाश करो और मैं भी जाता हूँ कि धन है किसके पास! और उसे चुका देने का निश्चय रखो; मैं धन एकत्र कर लूँगा चाहे लोगों से अपने व्यक्तिगत सम्बन्धों के बल पर या उधार पर ही सही।

[प्रस्थान]

दृश्य 2

[बेलमोन्ट : पोर्शिया के भवन में एक कमरा]

पोर्शिया : मैं तो इस संसार से तंग आ गई हूँ, नैरिसा!

नैरिसा : क्यों श्रीमती! यदि आप दरिद्र होतीं, अभागिनी होतीं या जैसा भाग्य और सम्पत्ति आपके पास हैं वैसे की अधिकारिणी न होतीं, तब तो आपका तंग आना किसी सीमा तक उचित भी लगता। लेकिन जहाँ तक मेरा अनुभव है, मैं यही कह सकती हूँ कि अपार धनराशि

---

1. कोलचोस—क्लासिक नाम। 2. जेसन—प्रेमी।

में डूबे लोग भी उतने ही जीवन के प्रति ऊबे होते हैं जितने वे, जिनके पास कुछ भी नहीं होता, न भुखमरी, न अटूट धन। मुझे तो लगता है, इन दोनों के बीच की स्थिति ही ठीक रहती है। जिनके पास बहुत धन होता है वे बहुत-से व्यसनों में पड़ जाते हैं और समय से पूर्व ही बूढ़े हो जाते हैं, लेकिन जिनके पास इतना-भर होता है कि बस रोज़ की ज़रूरतें पूरी होती रहें, वे न सिर्फ़ ज्यादा दिन जीते हैं, बल्कि सुखी भी रहते हैं।

पोर्शिया : कितनी अच्छी बात कहती है तू। और कितने प्यारे ढंग से।

नैरिसा : और जो इन्हें व्यवहार में ले आया जाए तो कितनी सुन्दर बन जाएँगी यही !

पोर्शिया : अगर करना भी उतना ही आसान होता जितना किसी अच्छी बात को जान लेना, तो गरीबों की कुटियों में महल होते और हर उपासना-स्थान गिरजा बन जाता। अपने ही उपदेशों को व्यवहार में लानेवाला वास्तविक रूप से धार्मिक होता है। मैं बीसियों को बता सकती हूँ कि अच्छा क्या है, लेकिन उस पर अमल करते समय उन बीस में से एक स्वयं नहीं हो सकती। विवेक नियम बना सकता है कि यौवन के आवेश और वासनाएँ नियन्त्रण में रह सकें किन्तु यौवन की उत्तेजनाएँ संयम में रखने के लिए, दबा देने के लिए, बहुत उग्र होती हैं। पगली जवानी उस पागल खरगोश की तरह होती है जो कि सदुपदेश के निर्बल जाल से शीघ्र भाग निकलता है। लेकिन इस तर्क से मुझे अपना पति चुनने में क्या लाभ मिलता है ? चुनना ! हाय कैसा शब्द है ! न मैं पसन्द का व्यक्ति चुन सकती हूँ, न नापसन्द व्यक्ति से इनकार ही कर सकती हूँ। ऐसी ही तो है एक मृत पिता की वसीयत जो एक जीवित लड़की को सब तरफ से जकड़े हुए है ! क्या यह मेरे लिए कठोर बात नहीं है नैरिसा ! कि जिसे चाहती हूँ उसे पा नहीं सकती और जिसे नहीं चाहती, उससे इनकार नहीं कर सकती ?

नैरिसा : तुम्हारे पिता पवित्रात्मा थे और पवित्र व्यक्ति मरते समय सदैव

ऐसे ही प्रेरणादायक कार्य करते हैं। इसलिए जो इन तीन—सोने, चाँदी और राँग के डिब्बों की लॉटरी उन्होंने रखी है, जो भी ठीक डिब्बा चुन लेगा, तुम्हें पाएगा, निस्संदेह, वही ठीक चुनाव कर सकेगा जो तुम्हें सच्चा प्यार करता है। सच बताओ, तुम्हारे मन में इन विवाहेच्छुक कुलीन राजकुमारों के प्रति क्या है, जो आ गए हैं!

पोर्शिया : एक-एक नाम दुहराती चल और मैं कहती चलूँगी, बस उसी से मेरे मन की बात का अनुमान लगा लेना।

नैरिसा : सबसे पहले तो नेपल्स के राजकुमार हैं।

पोर्शिया : वह तो घोड़ा है, जो अपने घोड़े के सिवाय और किसी विषय पर बात ही नहीं करता और इसमें तो अपनी खास काबलियत समझता है कि वह खुद ही घोड़े की नाल भी ठोक लेता है।

नैरिसा : और वह है, वह पैलैटाइन का काउन्ट!

पोर्शिया : वह बस गुर्राया करता है, जैसे पूछ रहा हो—मुझे नहीं चुनेगी तो जा मर! वह तो इतना मनहूस और उदास रहता है कि उसके चेहरे पर बड़े से बड़े मज़ाक की बात मजाल है एक हल्की मुस्कान भी झलका दे! और जब जवानी में वह इतना उदास और गम्भीर है तो भगवान् जाने बुढ़ापे में तो वह हेराक्लिटस—वह था न, 'रोनेवाला दार्शनिक' वैसा ही निराशावादी हो जाएगा। मैं तो बेहतर है खुशी से एक ऐसे हड्डी के ढाँचे से शादी कर लूँगी, जिसके मुँह पर होंठ ही न हों बनिस्बत इसके कि इन दोनों में से किसी से शादी करूँ। भगवान् बचाए मुझे इन दोनों भलेमानुसों से।

नैरिसा : और फ्रेंच लॉर्ड मुसिए ले बॉन के विषय में तुम्हारी क्या राय है?

पोर्शिया : उसे भी ईश्वर ने बनाया है, तो उसे भी मनुष्य ही समझना चाहिए। सचमुच ईश्वर की सृष्टि का उपहास करना तो एक पाप है, किन्तु यह फ्रेंच लॉर्ड तो अपने घोड़े के बारे में नेपल्स के राजकुमार से कहीं अधिक बातें करता है और त्यौरी चढ़ाए रखने में तो पैलैटाइन का काउन्ट उसके सामने कुछ है ही नहीं। यह तो सर्वगुणसम्पन्न

होने का ऐसा दावा करता है, जब कि उसे तो आदमी कहने में भी संकोच होता है। एक चिड़िया ज़रा चहकी कि वह तो नाचने लगता है। उससे अगर मैंने शादी कर ली तो समझो मैंने बीस मर्दों से ब्याह किया, क्योंकि वह तो अपने को बीस मर्दों के बराबर समझता है। मैं तो ज्यादा खुश इस बात से होऊँ कि वह मुझसे घृणा करे, क्योंकि जो कहीं वह पूरे आवेश में प्रेम करने लगा, तो उसके प्रेम का प्रत्युत्तर मैं दूँगी कैसे, क्योंकि आखिर क्या मैं बीस आदमियों से एक साथ प्रेम कर सकूँगी?

नैरिसा : और तुम्हारा उस तरुण अंग्रेज़ बैरन फॉल्कन ब्रिज के बारे में क्या विचार है?

पोर्शिया : मैं तो उसके बारे में कुछ भी नहीं कह सकती, क्योंकि हम एक-दूसरे की भाषा ही नहीं समझते। न वह लैटिन जानता है न फ्रेञ्च, न इटैलियन और इस बात को तुम हज़ारों के सामने दावे के साथ कह सकती हो कि मैं अंग्रेज़ी नहीं के बराबर जानती हूँ। है वह बड़ा सुन्दर, लेकिन मैं कैसे स्वीकार कर लूँ उसे? हम एक-दूसरे को अपने भाव ही नहीं बता सकेंगे। कितनी भी सुन्दर तस्वीर क्यों न हो, लेकिन उससे कोई बोलता तो नहीं? और उसकी पोशाक कितनी विचित्र है। उसका कोट तो इटैलियन फैशन का, ब्रीचेस फ्रेंच कट है और उसका टोप है जर्मन ढंग का और रहे उसके आचार-व्यवहार तो सारी दुनिया का घोल उतर आया है उसमें।

नैरिसा : और वह जो स्कॉट लॉर्ड है न, अंग्रेज़ जो बैरन का पड़ोसी है, उसके बारे में क्या राय है तुम्हारी?

पोर्शिया : उसमें एक पड़ोसी की दयानतदारी है क्योंकि उसने अपनी कनपटी पर अंग्रेज़ के हाथ का घूँसा उधार लिया और उसने कसम खाई कि जब कभी वह समर्थ होगा, अवश्य उसका कर्ज़ा चुका देगा। मेरा खयाल ऐसा है कि वह फ्रेंच उसकी ज़मानत में खड़ा रहा जिसने कहा कि अगर वह कर्ज़ा चुकाएगा तो उसकी मदद अवश्य की जाएगी।

नैरिसा : सैक्सनी के ड्यूक के भतीजे उस तरुण जर्मन के विषय में तुम क्या सोचती हो ?

पोर्शिया : सुबह तो वह बुरा लगता है जब नशे में नहीं होता और दोपहर बाद जब पिए रहता है तब तो बहुत ही बुरा लगता है। जब वह अच्छी-से-अच्छी हालत में रहता है तब वह किसी भी इंसान से नीचा और जब वह बुरी हालत में रहता है तब किसी भी पशु से तनिक ऊँचा होता है। यदि बुरे से बुरा हो जाए, तो भी उसे कभी नहीं चुनूँगी। उसके बिना ही मैं अच्छी हूँ।

नैरिसा : अच्छा मान लो, वह तुम्हारा विवाहेच्छुक है और किस्मत का ज़ोर कि उसने ठीक डिब्बा चुन लिया तब अगर तुम उससे शादी करने से इनकार नहीं करती हो ?

पोर्शिया : इसीलिए तो डर से मरी जाती हूँ। एक काम करो न! गलत डिब्बे पर तेज़ फ्रेञ्च शराब रख दो ताकि मैं इस विपत्ति से बच जाऊँ। मुझे यकीन है कि वह शराब के लालच में गलत डिब्बा ही चुन लेगा चाहे उसमें भीतर शैतान ही क्यों न हो। मैं कुछ भी कर सकती हूँ नैरिसा, पर उस ज़बर्दस्त पियक्कड़ से शादी नहीं करूँगी।

नैरिसा : श्रीमती! तुम्हें डरने का कोई कारण नहीं है कि इनमें से एक को चुनना पड़ेगा। उन्होंने मुझसे साफ़ कह दिया है कि वे अपने-अपने घरों को लौट रहे हैं और अब वे आपको इस चुनाव के पचड़े से परेशान नहीं करेंगे, तब तक जब तक कि वे आपके पिता की वसीयत में लिखे इस डिब्बे चुनने के तरीके के अलावा और कोई रास्ता नहीं खोज लेते जिससे वे आपको हासिल कर सकें।

पोर्शिया : पिता की वसीयत के अलावा मैं और कौन-सी तरकीब से शादी कर सकती हूँ। मैं तो डायना की भाँति कुआँ बनी रहने को विवश हूँ, चाहे सिबिला की भाँति मैं दीर्घायु ही क्यों न होऊँ। मैं यह देखकर बहुत खुश हूँ कि प्रेमियों का यह दल अक्लमन्द है और कायदे से लौटा जा रहा है। उनमें से कोई भी नहीं है जिसका जाना मुझे नापसन्द हो। मैं ईश्वर से प्रार्थना करती हूँ उनकी यात्राएँ सफल हों।

नैरिसा : श्रीमती! क्या तुम्हें उस सुन्दर वेनिसवादी की याद है, जो तुम्हारे पिता के समय में मॉत्फ़ेरात के मार्क्विस के साथ आता था, योद्धा था और साथ ही विद्वान भी?

पोर्शिया : हाँ, हाँ। वह तो मेरे खयाल से बैसेनियो था। यही था न उसका नाम?

नैरिसा : हाँ श्रीमती! मैं मूर्ख जितना समझती-देखती हूँ, सारे आदमियों में, जो आपने देखे हैं, वही आपके योग्य था।

पोर्शिया : मुझे उसकी खूब याद है और वह था भी ऐसा ही जैसी कि तू तारीफ करती है।

[सेवक का प्रवेश]

क्यों? क्या बात है?

सेवक : चार अजनबी आपसे मिलना चाहते हैं श्रीमती। वे विदा ले रहे हैं और जाने से पहले आपसे मिल जाना चाहते हैं। एक और व्यक्ति आया है, जिसने खबर दी है कि उसके स्वामी मोरक्को के राजकुमार आज रात यहाँ आएँगे।

पोर्शिया : मुझे तो उसके आने की तब प्रसन्नता होती जब मैं उसका वैसा ही स्वागत कर पाती जैसे उत्साह से मैं इन चार को विदा दे रही हूँ। अगर उसका रंग शैतान का है और आत्मा एक संत की–सी है, तो वह मेरा पति न होकर पुरोहित हो जाए, वही अच्छा होगा। चलो, नैरिसा! *(सेवक से)* तू आगे चल। एक प्रेमी के लिए द्वार बन्द करते हैं हम, दूसरा तभी दरवाजे पर दस्तक देने लगता है।

[प्रस्थान]

दृश्य 3

[वेनिस : एक सार्वजनिक स्थान]
[बैसैनियो और शाइलॉक का प्रवेश]

शाइलॉक : तीन हज़ार ड्यूकैट! तीन हज़ार सिक्के? अच्छा।

बैसैनियो : हाँ श्रीमान! केवल तीन मास के लिए।

शाइलॉक : हूँ? तीन महीने के लिए? अच्छा।

बैसैनियो : और मैं आपसे कह चुका हूँ, ऐन्टोनियो मेरी ज़मानत देगा।

शाइलॉक : ऐन्टोनियो ज़मानत देगा? अच्छ!

बैसैनियो : बताइए, आप मेरी मदद करेंगे? क्या आप मुझ पर यह उपकार करेंगे? बताइए न?

शाइलॉक : तीन हज़ार सिक्के! तीन महीनों के लिए और ऐन्टोनियो की ज़मानत पर।

बैसैनियो : आपका क्या उत्तर है?

शाइलॉक : ऐन्टोनियो आदमी तो अच्छा है।

बैसैनियो : क्या आपने उसके यश के विरुद्ध भी सुना है, जो उसे कलंकित कर सके?

शाइलॉक : अरे नहीं, नहीं, ऐसा नहीं है। मैं जब उसे अच्छा आदमी कहता हूँ तो तुम्हें सिर्फ़ यही समझना चाहिए कि मैं उसे पूरी तरह से इस काबिल मानता हूँ। लेकिन फिर भी उसकी सम्पत्ति स्थिर नहीं है। उसका धनी होना अभी तो एक अनुमान की बात है। उसका एक जहाज़ त्रिपोली जा रहा है, दूसरा इन्डीज़ की ओर चल रहा है और मुझे सट्टे की दुकान से पता चला है कि उसका तीसरा जहाज़ मैक्सिको जाएगा, चौथा इंग्लैण्ड को। इसी तरह उसके सारे जहाज़ दुनिया में अलग-अलग समुद्रों में जा रहे हैं। लेकिन जहाज़ तो काठ के बने होते हैं और उन पर समुद्र में हर तरह खतरा आ सकता है। और जहाज़ी सिर्फ़ इंसान ही तो होते हैं जो समुद्र के भीषण तूफानों में मर सकते हैं। और फिर समुद्र में डाकुओं से बड़ा डर रहता है, जैसे कि धरती पर वे लूटते हैं। अलावा इसके जहाज़ों को तो समुद्र पर अनेक आपत्तियों का सामना करना पड़ता है; तूफान हैं, लहरें हैं, चट्टानें हैं। लेकिन जैसा कि मैंने कहा, बावजूद इन सबके ऐन्टोनियो ज़ामिन बनने के पूरी तरह से योग्य है। तीन हज़ार ड्यूकैट चाहते हो तुम! ठीक है। मैं मान लूँगा अगर वह ज़िम्मेदारी उठा लेगा।

बैसैनियो : उस तरफ से आप बेफ्रिक्र रहिए।

शाइलॉक : तुम कहते हो तो मैं निश्चिन्त हो जाऊँगा। लेकिन मेरी दिलजमई होनी चाहिए और यही उचित होगा कि मैं ऐन्टोनियो से इस बारे में सीधी बातचीत कर लूँ।

बैसैनियो : बिलकुल ठीक है। आज आप हमारे साथ ही भोजन करिए न ?

शाइलॉक : ज़रूर ! ताकि मैं सूअर के माँस[1] को सूँघ सकूँ जिसमें तुम्हारे पैगम्बर ईसा मसीह ने शैतान की रूह को घुमाया है। मैं तुम्हारे साथ खरीद सकता हूँ, बेच सकता हूँ, चल सकता हूँ, बात कर सकता हूँ और सब कुछ कर सकता हूँ, लेकिन तुम्हारे साथ खा नहीं सकता, पी नहीं सकता, न तुम्हारे साथ प्रार्थना कर सकता हूँ। सट्टे की दुकान से क्या कोई खबर मिली है कभी ? यह कौन आ रहा है ?

[ऐन्टोनियो का प्रवेश]

बैसैनियो : ये तो श्रीमन्त ऐन्टोनियो हैं।

शाइलॉक : *(स्वगत)* कितना भोला-भाला, सीधा-सादा लगता है ? लेकिन मैं इससे घृणा करता हूँ, क्योंकि यह ईसाई है। लेकिन मुझे इससे भी ज्यादा इससे घृणा इसलिए है कि यह अपनी नम्रतारूपी मूर्खता के कारण बिना ब्याज के ही रुपया उधार देता है और वेनिस में हमारे ब्याज की दर को यों ही गिरा देता है। एक बार अगर यह मेरी पकड़ में आ जाए तो मैं इससे अपने पुराने वैर का सारा बदला निकाल लूँ, जो न जाने कब से मेरे दिल में पल रहा है ! यह हमारे पवित्र धर्म (यहूदी धर्म) से घृणा करता है, हमारी पवित्र जाति से घृणा करता है।[2] और मुझे तो जब भी कहीं सारे व्यापारी इकट्ठे होते हैं, सबके सामने डाँट देता है। यह मेरे व्यापार की निन्दा करता

---

1. यहूदी भी मुसलमानों की भाँति सूअर को वर्जित समझते हैं। असल में सेमेटिक जातियों में सूअर निषिद्ध ही है।

2. यहूदी अपनी जाति को ईश्वर की चुनी हुई जाति मानते हैं और अपने को संसार में सर्वश्रेष्ठ मानते हैं।

है और ईमानदारी से अर्जित मेरी कमाई, मेरे मुनाफों को ब्याज की और पाप की कमाई कहा करता है। अगर मैं इसे क्षमा कर दूँ तो ईश्वर का प्रकोप मेरी जाति पर उतरे!

बैसैनियो : आप इतने चुप क्यों है शाइलॉक?

शाइलॉक : मैं अपने पास इस वक्त मौजूद धन का मन ही मन हिसाब लगा रहा था। जहाँ तक मैं समझता हूँ इस वक्त मैं ऐसी हालत में नहीं हूँ कि तुम्हें एकदम तीन हज़ार सिक्के दे सकूँ। लेकिन इससे क्या फर्क पड़ता है! मेरा धनी यहूदी मित्र ट्यूबॉल मौजूद है। उससे मैं सारी कमी को पूरा कर सकता हूँ, लेकिन ज़रा ठहरो! तुम्हें कितने महीनों के लिए रुपये चाहिए? (*ऐन्टोनियो से*) कहिए श्रीमान! अच्छे तो हैं! अभी-अभी हम लोग आप ही के बारे में बातें कर रहे थे।

ऐन्टोनियो : शाइलॉक! हालाँकि यह मेरा सिद्धान्त रहा है कि मैं न रुपया उधार लेता हूँ, न ब्याज पर देता हूँ, लेकिन अपने दोस्त की गहरी ज़रूरत को पूरा करने के लिए मैं अपना एक नियम तोड़ता हूँ। (*बैसैनियो से*) क्या तुमने इनसे कह दिया है? कितने की ज़रूरत है तुम्हें?

शाइलॉक : हाँ, हाँ, तीन हज़ार ड्यूकैट!

ऐन्टोनियो : और सिर्फ़ तीन महीनों के लिए।

शाइलॉक : हाँ तीन महीने! मैं भूल गया। तुमने कहा तो था। ठीक है। तुम ज़मानत दो। मैं कोशिश करता हूँ, लेकिन सुनो। लेकिन तुमने कहा कि तुम न ब्याज पर उधार लेते हो, न देते हो!

ऐन्टोनियो : हाँ, मैं ऐसा ही कहता हूँ।

शाइलॉक : हमारे आदिपुरुष अब्राहम का वंशज जेकब अपने चाचा लेबान की भेड़ें चराया करता था और यद्यपि अब्राहम के उत्तराधिकार का स्वत्व क्रम से पहले उसके पुत्र इसाक और तब इसाक के ज्येष्ठ पुत्र इसाऊ को मिलना चाहिए था, वह उसके छोटे पुत्र जेकब को मिला क्योंकि उसकी माता ने ऐसी चतुराई की कि इसाऊ का स्थान जेकब ने ले लिया...

ऐन्टोनियो : जेकब की बात क्यों करते हो ? क्या वे भी सूद लिया करते थे ?

शाइलॉक : नहीं, वे सूद नहीं लेते थे, ऐसा सूद नहीं लेते थे, जिसे आजकल सूद कहा जाता है। लेकिन देखो न, जेकब ने क्या किया! उसने अपने चाचा लेबान से यह तय किया कि वह जो लेबान की भेड़ों को चराता है, उनकी देखभाल करता है, उसकी मेहनत के बदले में वह लेबान की भेड़ों के उन सब बच्चों को ले लेगा जिन पर धब्बे होंगे, धारियाँ होंगी। जेकब की चतुरता से अधिकतर बच्चे धारियों और धब्बे वाले पैदा हुए। इस तरीके से उसे अपने हिस्से से कहीं ज्यादा भेड़ें मिल गईं और आगे चलकर वह बहुत समृद्ध हुआ और उसे परमात्मा ने आशीर्वाद भी दिया। इसे तो परमात्मा का आशीर्वाद ही समझना चाहिए यदि दूसरों का माल चुराए बिना ही आदमी ईमानदारी से मुनाफा कमा सके।

ऐन्टोनियो : जेकब के मामले में तो कुछ किस्मत का ज़ोर ही समझना चाहिए। वैसे जेकब का धारीदार, धब्बेदार बच्चे होने में न कोई ज़ोर था, न उसका इसमें कुछ हाथ ही हो सकता था। कुछ भगवान की ऐसी मर्ज़ी थी और ऐसा हो गया। लेकिन धर्मग्रन्थ का हवाला क्या इसलिए दिया है कि ब्याज लेने को अच्छ साबित कर सको ? या तुम्हारा सोना-चाँदी भी भेड़-बकरियों की तरह है ?

शाइलॉक : क्या बताऊँ ? मैं तो कोशिश यही करता हूँ कि यह भी दिन दूना रात चैगुना बढ़ता जाए। लेकिन मेरी बात सुनो।

ऐन्टोनियो : देखो बैसैनियो! देखते हो न कि अपने लाभ के लिए शैतान भी धर्मग्रन्थ में से उद्धरण देता है? एक कुटिल व्यक्ति यदि पवित्र 'बाइबिल' में से साक्ष्य उपस्थित करे तो वह नीच की भाँति है जो हँसता रहता है और भीतर ही भीतर भयानक होता है। ऊपर से साफ़, चिकना, सुन्दर सेब और भीतर से सड़ा-गला। हाय-हाय! बुराई भी ऊपर से कितनी खूबसूरत बनकर आती है!

शाकलॉक : तीन हज़ार ड्यूकैट! यह तो बहुत बड़ी रकम है। बारह में

से तीन महीनों के लिए? ठहरो, मुझे सूद की दर जोड़ने दो।

ऐन्टोनियो : शाइलॉक! क्या तुम यह रकम दोगे?

शाइलॉक : श्रीमन्त ऐन्टोनियो! तुमने बहुत बार सट्टे की दुकान में मेरा अपमान किया है कि मैं सूद लेता हूँ, बेईमानी करता हूँ। लेकिन मैंने धैर्य से सारे अपमानों को सहन किया है क्योंकि सहनशक्ति हमारी यहूदी जाति की एक विशेषता है। तुम मुझे ईसाई धर्म नहीं मानने के कारण यहूदी जानकर विधर्मी कह चुके हो, तुमने मुझे कटखना कुत्ता कहा है, तुमने मेरे यहूदी धर्म की परम्परा को प्रदर्शित करनेवाले चोगे पर थूका है। और क्यों? सिर्फ़ इसलिए कि मैंने अपना धन कमाया है और अब तुम्हें मेरी मदद की ज़रूरत आ पड़ी है। तो लो! देखो! आज तुम आए हो। आकर कहते हो—शाइलॉक! हमें धन चाहिए। तुमने तो मेरे मुँह पर थूका था! तुम्हारी नज़र में तो मैं सड़क के दोगले कुत्ते से भी गया-बीता था न, जिसमें लात लगाने को तुम्हारा पाँव मचला करता था? आज तुम धन की प्रार्थना कर रहे हो? क्या जवाब दूँ मैं तुम्हें? बोलो कह दूँ कि क्या कुत्ते के पास धन होता है? क्या कभी यह हो सकता है कि एक कुत्ता 3000 ड्यूकैट उधार दे सके? या कहो, नीचे झुक जाऊँ और गुलाम की तरह घिघियाता, काँपता, दीनमन, हाँफता हुआ कहूँ—श्रीमान्! आपने पहले बुधवार को मुझ पर थूका था, आपने उस रोज़ मुझे दोगला कुत्ता जानकर मुझ में लात दी थी और एक और दिन आपने मुझे कुत्ता कहा था आपकी इन तीन मेहरबानियों के बदले में मैं आपको 3000 सिक्के उधार देना चाहता हूँ!

ऐन्टोनियो : मैं तो ऐसे ही फिर भी कहूँगा, फिर भी तुम पर थूकूँगा और लात भी लगाऊँगा। अगर तुम उधार देते हो तो अपना दोस्त समझ कर क्यों देते हो? क्योंकि दोस्ताने में बेजान सिक्के कब ब्याज के रास्ते से सिक्कों को पैदा करते हैं? यों समझो कि अपने दुश्मन को उधार दे रहे हो! बिना किसी शर्म के तुम मुझे सज़ा दिला लेना अगर तुम्हारा धन ठीक समय पर नहीं लौटा!

शाइलॉक : लेकिन तुम बेवजह इतना ताव क्यों दिखा रहे हो? मैं तो तुम्हारा दोस्त बनना चाहता हूँ और तुमने जो मेरा अपमान किया है, उस सबको भूल जाना चाहता हूँ। मैं तुम्हारा माँगा हुआ धन दूँगा और कोई ब्याज भी नहीं लूँगा। लेकिन तुम मेरी बात ही नहीं सुनते! मेरी यह बात बिलकुल दयाभरी है। है न?

बैसैनियो : अगर तुम सत्य कहते हो तो इसे निश्चय ही दया कहा जा सकता है।

शाइलॉक : मेरी यह दया तो निश्चित ही समझो। तुम एक वकील के पास चलो और एक कागज़ लिखकर उस पर दस्तखत कर दो। लेकिन महज़ मज़ाक की खातिर उसमें एक बात जोड़ देना कि अगर तुम निश्चित दिन पर रुपया न दे सके, निश्चित स्थान पर तुमने धन न चुकाया, तो मुझे यह अधिकार हो जाएगा कि तुम्हारे शरीर में से कहीं से भी मुझे आधा सेर गोश्त काटकर निकाल लेने का अधिकार होगा!

ऐन्टोनियो : मैं तैयार हूँ, इस शर्तनामे पर दस्तखत करने को और मैं खुलेआम कह सकता हूँ कि आखिर तुमने कमाल की रहमदिली दिखाई है।

बैसैनियो : ऐसे खतरनाक शर्तनामे पर तुम्हें कभी दस्तखत नहीं करने दूँगा। इससे तो अच्छा है कि मेरे काम ही बिगड़ जाएँ, मेरी ज़रूरत ही पूरी न हो।

ऐन्टोनियो : अरे डरते क्यों हो? मैं दण्ड नहीं भरूँगा। जो कर्ज़ मैं ले रहा हूँ उससे कई गुना धन मेरे जहाज़ दो महीनों में ही ले आएँगे। मियाद से एक महीना पहले ही देख लेना।

शाइलॉक : हे पवित्र आदि पूर्वज अब्राहम! ये ईसाई भी विचित्र होते हैं। ये दूसरों के प्रति इतने कठोर और निर्दय होते हैं दूसरों को भी अपने जैसा ही समझते हैं। अच्छा, ज़रा बताओ तो सही! अगर इसने ठीक समय पर धन नहीं लौटाया तो मैं उस गोश्त को लेकर करूँगा क्या? इंसान के जिस्म से आधा सेर गोश्त न तो कोई कीमत

ही रखता है, न फायदेमन्द ही है। वह कोई भेड़, गाय या बकरी के गोश्त की तरह अपनी कीमत तो रखता नहीं। मैं तो इनकी स्नेह-भरी मित्रता को जीतने के लिए ऐसा करता हूँ। मेरा हाथ बढ़ा हुआ है। थामना है थाम लो, नहीं तो जाने दो। कृपया, मेरा अनिष्ट नहीं करो कि मुझ पर, मेरी हितचिंता पर संदेह करो।

ऐन्टोनियो : हाँ शाइलॉक! मैं इस शर्तनामे पर ज़रूर दस्तखत कर दूँगा।

शाइलॉक : तो फिर मुझसे वकील के घर मिलो। इस मज़ाकिया शर्तनामे को उसे बता देना और मैं धन-वन लेकर सीधा वहीं पहुँचता हूँ। देख तो लूँ कि मेरा घर सही-सलामत भी है या नहीं, क्योंकि वहाँ एक बेकार का बदमाश है, जिसका ज़रा भी यकीन नहीं किया जा सकता बस! मैं तुरन्त पहुँचता हूँ।

ऐन्टोनियो : ओ दयालु यहूदी, जल्दी करना।

[शाइलॉक का प्रस्थान]

यह यहूदी तो ईसाई हो जाएगा, देखो न? इसमें कितनी दया आ गई है?

बैसैनियो : जब मैं किसी कुटिल व्यक्ति से मीठे वचन सुनता हूँ तो मुझे बहुत संदेह होने लगता है।

ऐन्टोनियो : चलो, वकील के यहाँ चलें। इस मामले में डरने की कोई गुंजाइश नहीं है। मियाद से एक महीने पहले ही मेरे जहाज़ लौट आएँगे।

दूसरा अंक

दृश्य 1

[बेलमोन्ट; पोर्शिया के मकान का कमरा]

[तुरही-निनाद; मोरक्को के राजकुमार का प्रवेश; उसके पीछे सेवक हैं। पोर्शिया तथा नैरिसा और उसके अन्य सेवकों का प्रवेश]

मोरक्को का राजकुमार : (*पोर्शिया से*) मुझे मेरे रंग के कारण नापसन्द न करो। यह तो प्रचण्ड सूर्य का प्रसाद है, क्योंकि मैं ऐसे प्रदेश में रहता हूँ जहाँ सूर्य की प्रखर किरणें पड़ती हैं। तुम मेरे सामने एक गोरे रंग के आदमी को लाओ जो ऐसे उत्तर में जन्मा है, जहाँ सूर्य में इतना भी ताप नहीं कि वह हिमकणों को पिघला सके और फिर अपने प्रेम की परीक्षा के लिए हमारा युद्ध कराओ, कि देखें किसका लहू अधिक लाल है, तो श्रीमती! देखना कि मेरे नाम से बड़े-बड़े शूरवीर थर्रा जाते हैं। तुम्हारे प्रति मेरे प्रेम की शपथ! मेरे देश की अत्यन्त प्रशंसित सुन्दरियों ने भी मुझे सदैव प्रेम किया है। यदि तुम्हारे प्रेम को जीतने का प्रश्न न हो तो मैं तो कभी अपने रंग को बदलने की इच्छा भी नहीं करूँगा। मेरी रानी!

पोर्शिया : पति चुनने के विषय में मैं अन्य सुन्दरियों की भाँति केवल बाहरी रूप की ओर आकर्षित नहीं होती और फिर मेरे स्वयं पति चुनने की आज़ादी को तो इन डिब्बों की लॉटरी ने और छीन रखा है। यदि मेरे पिता ने मुझे अपनी बुद्धि से न बाँध रखा होता, मेरे चारों ओर ऐसा घेरा न डाल दिया होता कि जो बात मैंने आपको बताई, मुझे उसी की पत्नी बनना पड़ेगा जो मुझे उसी तरीके से हासिल करेगा; तो हे विख्यात राजकुमार! मैं सच कहती हूँ आप विश्वास

करें, मुझे प्राप्त करने में आप किसी से भी पीछे नहीं रहते। मेरा प्रेम कोई भेद नहीं मानता।

मोरक्को. : इसके लिए मैं आपको धन्यवाद देता हूँ। इसीलिए मैं प्रार्थना करता हूँ कि आप मुझे उन डिब्बों के पास ले चलें। देखें, मेरा भाग्य क्या कहता है। मैं इस तलवार की कसम खाता हूँ जिसने फारस के बादशाह को मार डाला था, जिसने एक ऐसे फारस के शाहज़ादे को मारा था जो तीन बार सुल्तान सुलेमान को हरा चुका था। मैं इस तलवार की सौगन्ध खाकर कहता हूँ कि मैं इस वीरकर्म को तुम्हारा प्रेम जीतने के लिए कर सकता हूँ। संसार में सबसे क्रूर दृष्टि रखने वाले को अपनी आँखों से झुका सकता हूँ और अत्यन्त दुस्साहसी को भी अपने साहस से हरा सकता हूँ। मैं रीछनी के दूध पीते बच्चों को उससे छीन सकता हूँ और शिकार के भूखे दहाड़ते शेर को भी चुनौती दे सकता हूँ। क्यों ? केवल तुम्हारे लिए। किन्तु दुर्भाग्य है कि ऐसा यहाँ कोई अवसर नहीं। यदि पुरानी यूनानी कहानियों में वर्णित संसार के सबसे सशक्त और सबल पुरुष हरक्यूलीज़ और उसके सेवक लिचास में एक दिन चौपड़ का खेल होता और पासों के खेल से ही यह भी निर्णय होने को होता कि जो जीतेगा वही सर्वश्रेष्ठ व्यक्ति माना जाएगा, तो क्या मालूम कि पासों का पलटा किस्मत का पलटा बनकर लिचास को ही सर्वश्रेष्ठ बना देता। जिस प्रकार महान हरक्यूलीज़ अपने सेवक से हार जाता, उसी प्रकार मैं भी अन्धे भाग्य के हाथों हार सकता हूँ। कौन जाने कोई अयोग्य व्यक्ति ही अपनी योग्यता से अधिक वस्तु पाने में यहाँ समर्थ हो जाए कि मैं आर्त वेदना से व्याकुल हो उठूँ ?

पोर्शिया : आप अपनी किस्मत आज़माइए। या फिर चक्कर में पड़िए ही मत या फिर चुनाव से पहले कसम खाइए कि यदि आप गलत चुनाव करेंगे तो फिर आप कभी किसी स्त्री से प्रेम नहीं करेंगे कि आप उससे शादी कर सकें। सोच लीजिए!

मोरक्को. : हाँ, मैं किसी भी स्त्री से शादी नहीं करूँगा। आओ ! मुझे एक

अवसर लेने दो।

पोर्शिया : पहले गिरजा चलें जहाँ शपथ ली जाएगी और खाना खाने के बाद आप अपनी किस्मत आज़माएंगे।

मोरक्को. : हे सौभाग्य! तेरे ही हाथ में है कि तू मुझे संसार का सबसे सुखी व्यक्ति बनाए या इस पृथ्वी का सबसे दुखी और गया-बीता व्यक्ति बना दे।

[तुरई निनाद और प्रस्थान]

दृश्य 2

[वेनिस-पथ]

[लॉन्सलौट गोब्बो का प्रवेश]

लॉन्सलौट : मुझे पक्का यकीन है कि आखिरकार मेरी अन्तरात्मा मुझे अपने स्वामी यहूदी शाइलॉक की नौकरी से दूर भगाकर ही मानेगी। दायें हाथ पर खड़ा हुआ शैतान मुझे ललचाकर कहता है : 'गोब्बो, लॉन्सलौट गोब्बो, अच्छे गोब्बो, अच्छे लॉन्सलौट गोब्बो, अपने पाँवों का इस्तेमाल करो, ज़रा चलो, दौड़ो और भाग जाओ, तराट जाओ।' लेकिन मेरी अन्तरात्मा कहती है : 'नहीं, ध्यान करो। ईमानदार लॉन्सलौट? ईमानदार गोब्बो, भागो मत। इस भाग जाने से घृणा करो।' यह शैतान, इतना वीर शैतान फिर कहता है : 'भाग! भाग जा! हिम्मत बाँध गोब्बो!' शैतान पुकारकर कहता है : 'ईश्वर के लिए भाग जा!' और मेरे हृदय को बाँधनेवाली मेरी अंतरात्मा कहती है, बड़ी अक्लमन्दी से कहती है : 'मेरे ईमानदार लॉन्सलौट, मेरे दोस्त! तू एक ईमानदार आदमी का बेटा है, न सही, तू एक ईमानदार औरत का बेटा है,' वह कहती है : 'लॉन्सलौट, टस से मस मत हो।' भाग! कहता है शैतान, ठहर! कहती है अन्तरात्मा। मैं कहता हूँ : 'अन्तरात्मा, तू ठीक कहती है।' मैं कहता हूँ : 'शैतान, तू ठीक कहता है।' अन्तरात्मा का शासन मानूँ तो मुझे स्वामी के साथ रहना होगा, उस स्वामी के साथ, भगवान कसम! निश्चय जानो, वह भी

एक तरह का शैतान ही है और इस यहूदी के पास से भाग जाऊँ, तब तो मुझ पर शैतान का ही शासन हो गया समझो, जो, माफ करना, खुद ही शैतान है। निश्चय ही यह यहूदी शैतान का ही अवतार है और अन्तरात्मा कहती है कि मेरी अन्तरात्मा तो बड़ी कठोर अन्तरात्मा है जो मुझे इस यहूदी के पास रहने को कहती है। शैतान की सलाह ज्यादा दोस्ताना है। ओ शैतान! मैं तो भागता हूँ। मैं तो तुम्हारी शरण हूँ। आज्ञा दो। मैं भागता हूँ।

[वृद्ध गोब्बो का एक टोकरी के साथ प्रवेश]

गोब्बो : नौजवान मालिक शाइलॉक यहूदी का घर किधर है, मुझे मेहरबानी करके बता सकोगे ? मुझे जाना है वहाँ।

लॉन्सलौट : (*स्वगत*) हे भगवान! यह तो खास मेरा ही बाप है जो आधे से ज्यादा अंधा हो चुका है कि मुझे भी नहीं पहचान पाया! मैं इसे गड़बड़ाने की चाल चलाता हूँ।

गोब्बो : हे नौजवान! क्या आप मुझे शाइलॉक के मकान का पता बता सकेंगे !

लॉन्सलौट : राह के अगले मोड़ पर अपने दायें हाथ की ओर मुड़ जाना और अगले वाले पर अपने बायें मुड़ जाना। तीसरे मोड़ पर मुड़ना नहीं किधर भी, बस सीधे घर में घुसे चले जाना, वही यहूदी का घर है।

गोब्बो : परमात्मा के सन्तों की कसम! तुम्हारी सलाह को मानकर चलने में तो उसका घर ढूँढ़ना मेरे लिए एक बहुत कठिन काम है। तुम मेहरबानी करके मुझे एक लॉन्सलौट के बारे में कुछ बता सकोगे जोकि शाइलॉक की नौकरी में है? क्या वह यहूदी के साथ रहता है या उसने उसकी नौकरी छोड़ दी है?

लॉन्सलौट : क्या तुम तरुण कुंवर लॉन्सलौट के बारे में बातें कर रहे हो ? (*स्वगत*) और देखो, मैं कैसे उनकी आँखों में आँसू लाता हूँ। (*प्रकट*) क्या तुम तरुण कुंवर लॉन्सलौट के बारे में बातें कर रहे हो ?

गोब्बो : वह कुंवर नहीं कहला सकता श्रीमान! वह तो एक गरीब आदमी का बेटा है। वह बहुत गरीब है पर बड़ा ईमानदार है, और भगवान

की कृपा से अब अच्छी तरह अपनी ज़िन्दगी बिता रहा है।

लॉन्सलौट : उसके बाप को चाहे जैसे रहने दो। हम तो तरुण कुंवर लॉन्सलौट की बातें कर रहे थे।

गोब्बो : वह श्रीमन्त का मित्र होगा, किन्तु खाली लॉन्सलौट है।

लॉन्सलौट : लेकिन मेरी सुनो! बुजुर्गवार! इसलिए मैं कहता हूँ तरुण कुंवर लॉन्सलौट!

गोब्बो : जी हाँ, अगर आप नाराज़ न हों तो लॉन्सलौट!

लॉन्सलौट : इसीलिए, कुंवर लॉन्सलौट! लेकिन कुंवर लॉन्सलौट के बारे में बात करने से क्या फायदा पिता? क्योंकि वह नौजवान तो, यदि मैं पांडित्यपूर्ण भाषा का प्रयोग करूँ तो, भाग्य की क्लोथो, लैचीशिया और एट्रोपोस नामक देवियों के कारण स्वर्ग चला गया अर्थात् मर गया।

गोब्बो : हे भगवान! यह सच नहीं हो सकता। क्योंकि वह मेरी बुढ़ापे की लाठी थी, वही मेरा सहारा था।

लॉन्सलौट : (*स्वगत*) क्या मैं लाठी जैसा लगता हूँ? क्या मैं कोई डण्डे जैसा मालूम होता हूँ? (*प्रकट*) पिता! क्या तुम मुझे नहीं पहचानते?

गोब्बो : हाय रे दुर्दिन! मैं आपको नहीं जानता। लेकिन मैं विनती करता हूँ कि आप मेरे पुत्र का पता बताएँ? भगवान उसकी आत्मा को शान्ति दे? क्या वह जीवित नहीं है?

लॉन्सलौट : पिता! क्या आप मुझे नहीं पहचानते?

गोब्बो : हाय रे भगवान! मेरी आँखें कितनी अंधी हो गई हैं। मैं तो तुम्हें नहीं पहचान पाता!

लॉन्सलौट : अगर आँखें भी होतीं तो भी शायद आप मुझे नहीं पहचानते। बुद्धिमान पिता ही अपने बच्चे को पहचानता है। तो सुनिए बुजुर्गवार? मैं आपको आपके बेटे की खबर देता हूँ। मुझे दुआ दीजिए (*झुकता है*) सचाई आखिर सामने आएगी। कुछ दिन के लिए भले ही इंसान का बेटा छिपाया जा सके, लेकिन खून बहुत दिन तक छिपाया नहीं जा सकता। सचाई आखिर उज़ागर होगी ही।

गोब्बो : कृपया खड़े होइए! मुझे विश्वास है कि आप मेरे पुत्र लॉन्सलौट नहीं हो सकते।

लॉन्सलौट : बेकार की बातें छोड़िए। मुझे दुआ दीजिए। मैं ही लॉन्सलौट हूँ, आपका पुत्र। आप ही का बेटा हूँ, था और रहूँगा।

गोब्बो : मैं नहीं मान सकता कि तुम मेरे बेटे हो।

लॉन्सलौट : हाय, अब मैं करूँ तो क्या करूँ। लेकिन मैं हूँ तो लॉन्सलौट ही। मैं ही यहूदी का नौकर हूँ और यकीनन तुम्हारी स्त्री मार्जरी मेरी माँ है।

गोब्बो : ठीक कहते हो। उसका नाम मार्जरी ही है और अगर तुम लॉन्सलौट ही हो तो मैं कसम से कह सकता हूँ कि तुम मेरे ही रक्त-माँस हो! हे भगवान! ऐसा ही हो? क्या दाढ़ी है तुम्हारी! (*सिर के लम्बे बालों पर हाथ रखता है*) तुम्हारी ठोड़ी पर तो इतने बाल हैं जितने मेरी गाड़ी खींचने वाले घोड़े डॉविन की पूँछ में भी नहीं।

लॉन्सलौट : (*उठकर*) अगर यह बात है तो इसका मतलब यह है कि डॉविन घोड़े की पूँछ घटती जा रही है। जब मैंने उसे देखा था तो निश्चय ही उसकी पूँछ में मेरी ठोड़ी की तुलना में कहीं ज्यादा बाल थे।

गोब्बो : हे भगवान! तुम तो सचमुच बहुत बदल गये। कहो : तुम्हारी अपने मालिक से कैसी पट रही है? मैं उसके लिए एक भेंट लाया हूँ। मैं समझता हूँ, तुम दोनों में अच्छी पट रही है?

लॉन्सलौट : जहाँ तक मेरा सवाल है, मैंने तो तय कर लिया है कि मैं उसे छोड़कर भाग जाऊँगा और बहुत दूर पहुँचकर ही चैन लूँगा। वह तो खालखेंचा एक असली यहूदी है। उसे भेंट देने की बजाय उसको फाँसी लगा लेने को एक रस्सी देनी चाहिए। मैं तो उसकी नौकरी में भूखा मर गया। जरा हाथ फेर के देखो, मेरी एक-एक पसली गिन सकते हो! तुम आ गए पिता! सच मैं बहुत खुश हूँ। यहाँ एक श्रीमन्त बैसैनियो हैं। अपनी भेंट उन्हें देने के लिए दे दो! वे तो अपने नौकरों को बड़ी सुंदर पोशाक देते हैं। अगर मुझे उनके यहाँ नौकरी नहीं मिली तो मैं कहीं दूर भाग जाऊँगा, धरती के किसी

अनजान कोने में। आह रे सौभाग्य! ये लो वे ही आ रहे हैं। आओ उनसे मिलें। अगर मैं अब यहूदी की और नौकरी करूँ तो मैं भी यहूदी ही बन जाऊँ।

[बैसैनियो का लियोनार्डो तथा अन्य सेवकों के साथ प्रवेश]

बैसैनियो : यही करो। लेकिन जल्दी करो कि पाँच बजे तक खाना बिलकुल तैयार हो जाय। ये खत वक्त पर पहुँच जाएँ। और सेवकों के लिए नए कपड़े बनने चाहिए। और ग्रेशियानो से कहो कि वे तुरन्त मेरे यहाँ आ जाएँ।

[एक सेवक का प्रस्थान]

लॉन्सलौट : चलो पिता! उनसे मिल लो!

गोब्बो : भगवान श्रीमान का भला करे।

बैसैनियो : धन्यवाद! क्या तुम मुझसे कुछ कहना चाहते हो ?

गोब्बो : यह मेरा बेटा है हुजूर...एक गरीब लड़का...

लॉन्सलौट : नहीं श्रीमान! गरीब लड़का नहीं, बल्कि अमीर यहूदी का सेवक है और मेरे पिता बताएँगे...

गोब्बो : श्रीमान! इसकी बड़ी इच्छा है कि यह, क्या बताऊँ...सेवा करे...

लॉन्सलौट : किस्सा-कोताह हुजूर यह है कि मैं यहूदी का सेवक हूँ और मेरी इच्छा है, जैसा कि मेरे पिता बताएँगे...

गोब्बो : यह और इसके मालिक, हुजूर बुरा न मानें, अच्छे ताल्लुकात नहीं रखते...

लॉन्सलौट : मतलब यह हुजूर! कि थोड़े में तो सचाई यों है कि यहूदी ने मेरे पास अन्याय किया है और जैसे कि मेरे पिता ईमानदार आदमी हैं, आपको सचाई बताएँगे...

गोब्बो : यह साथ पास कुछ फाख्ता हैं हुजूर! मैं इन्हें आपकी नज़र करना चाहता हूँ...

लॉन्सलौट : बहुत ही संक्षेप में कहूँ तो सारी प्रार्थना मेरे बारे में है, जैसा कि श्रीमान स्वयं ही मेरे ईमानदार पिता की बात से समझ जाएँगे,

और हालाँकि मैं यह कहता हूँ, जो मुझे कहना नहीं चाहिए, फिर भी मेरे पिता बूढ़े हैं...और वे गरीब हैं...

बैसैनियो : एक वक्त में एक ही बात करो। तुम मुझसे चाहते क्या हो ?

लॉन्सलौट : आपकी नौकरी करना चाहता हूँ श्रीमान !

गोब्बो : बस हुजूर ! इतनी-सी बात है बस।

बैसैनियो : मैं तुम्हें जानता हूँ और तुम्हारी दरख्वास्त को मंजूर करता हूँ। आज ही सुबह तुम्हारे मालिक शाइलॉक ने तुम्हारे बारे में बात की थी और तुम्हारी सिफारिश भी मुझसे की थी। लेकिन क्या यह ठीक होगा कि तुम उस धनी यहूदी की नौकरी छोड़कर मुझ जैसे नागरिक की सेवा करो ?

लॉन्सलौट : श्रीमान ! 'ईश्वर की दया सबसे अच्छी' की कहावत आप पर ही चरितार्थ होती है। आप पर ईश्वर की दया है, शाइलॉक के पास तो केवल धन है।

बसैनियो : खूब कहा। अब तुम अपने बाप के साथ जाओ और अपने पुराने स्वामी से छुट्टी लो और मेरे निवासस्थान पर आ जाओ। (*अपने सेवकों से*) इसे भी पोशाक देना, औरों से अच्छी। ध्यान रखना !

लॉन्सलौट : देखा पिता ! तुम कहते थे मुझे नौकरी नहीं मिलेगी ! तुम्हारा विचार था कि मुझे बोलना भी नहीं आता ! (*अपनी हथेली देखकर*) यदि कोई ज्योतिषी देखे तो मेरे हाथ में जो भाग्य है, वह इटली के किसी भी व्यक्ति का नहीं। यह देखो, जीवन की रेखा ! है ज़ोर की ? बीवियों की रेखा है, अरे इससे क्या ? पन्द्रह बीवियाँ होती ही कितनी हैं ? मर्द के ग्यारह बेवाएँ और कुंवारियाँ अगर बीवियाँ हों तो क्या बड़ी बात है ? यह एक और रेखा है जो बताती है कि मैं तीन बार डूबने से बचूँगा और एक बार शादी के खतरे से बचूँगा। लेकिन इन सबका मैं क्या घमंड करूँ ? अगर जैसा कि लोग कहते हैं, यह सच कि किस्मत एक औरत है, तब वह बहुत ही अच्छी औरत है, क्योंकि उसने मुझसे बड़े अच्छे वायदे कर रखे हैं। चलो पिता ! पलक मारते मैं यहूदी से छुट्टी लेता हूँ।

[लॉन्सलौट और वृद्ध गोब्बो का प्रस्थान]

बैसैनियो : सुनो लियोनार्डो! इस मामले पर ज़रा गौर से सोचो। ये सब चीज़ें कायदे से खरीदकर बेल्मोन्ट जाने वाले जहाज़ पर चढ़ा दी जाएँ और फिर तुम तुरन्त मेरे पास लौट आओ। क्योंकि रात को दावत है और मेरे वे दोस्त आ रहे हैं जिन पर मैं बहुत विश्वास करता हूँ। शीघ्र जाओ।

लियोनार्डो : जितनी जल्दी हो सकेगा मैं ऐसी ही कोशिश करूँगा।

[ग्रेशियानो का प्रवेश]

ग्रेशियानो : तुम्हारे स्वामी कहाँ हैं?

लियोनार्डो : वे रहे श्रीमान्! टहल रहे हैं।

[प्रस्थान]

ग्रेशियानो : श्रीमान् बैसैनियो!

बैसैनियो : ग्रेशियानो!

ग्रेशियानो : मुझे तुमसे एक प्रार्थना करनी है।

बैसैनियो : स्वीकार कर ली गई। कहो।

ग्रेशियानो : मैं भी तुम्हारे साथ बेल्मोन्ट चलूँगा। मना मत करना।

बैसैनियो : अगर तुम इसी पर अड़ते हो तो चलो। लेकिन सुनो ग्रेशियानो! तुम बड़े मुँहफट हो और सलीके से भी पेश नहीं आते। तुम्हारे ये गुण तुम्हें इसलिए फब जाते हैं क्योंकि हम तुम्हें जानते हैं और तुम्हारे साफ दिल से वाकिफ हैं, तभी तुम्हारे इन अवगुणों पर ध्यान नहीं देते। लेकिन जो तुम्हें अच्छी तरह नहीं जानते, उनको तो यही अवगुण भी लग सकते हैं। इसलिए अच्छा यही होगा कि तुम अपने पर काबू रखो और ठीक तरह से नम्र व्यवहार करो, वर्ना कहीं ऐसा न हो कि जहाँ मैं जा रहा हूँ, वहाँ तुम्हारे व्यवहार से मुझे भी गलत समझा जाए और मैं भी अपनी आशाओं से हाथ धो बैठूँ।

ग्रेशियानो : श्रीमन्त बैसैनियो! सुनो। अगर मैं गम्भीर न बना रहूँ, इज्ज़त से बातें न करूँ, और शायद ही कभी कसम खा ली तो खा ली,

जेब में प्रार्थना-पुस्तक न रखे रहूँ और संजीदा दिखाई न दूँ, और खाने से पहले जब प्रार्थना की जाए तब आँखों तक टोप नीचे झुकाकर बहुत ही कायदे से 'आमीन्' न कहूँ, नम्रता और शिष्ट व्यवहार के सब नियमों का पालन न करूँ, ऐसे जैसा कोई भी अत्यन्त सभ्य व्यक्ति करता है, ऐसे जैसा कोई भी अत्यन्त शिक्षित व्यक्ति करता है, अपनी दीदी का दिल खुश करने को चेहरा उदास बना लेता है, कुछ यों कहना, बल्कि फिर तुम मुझ पर कभी विश्वास ही मत करना!

बैसैनियो : अच्छी बात है। देखेंगे कि तुम कैसा व्यवहार करते हो!

ग्रेशियानो : लेकिन आज रात नहीं। आज रात मैं जो कुछ करूँ उससे मेरे व्यवहार की कल्पना का मुझ पर निर्णय मत देना।

बैसैनियो : अजी नहीं। आज रात इसकी क्या ज़रूरत है? बल्कि मैं तो कहता हूँ कि आज तो अपनी सारी मौज-बहार उंडेल देना, क्योंकि आज तो कुछ खास दोस्त आ रहे हैं और वे सब हँसी-दिल्लगी के शौकीन हैं। लेकिन इस वक्त मुझे जाने दो, मुझे बहुत ज़रूरी काम है।

ग्रेशियानो : मुझे भी लौरेन्ज़ो से मिलना है, और भी लोग हैं। खाने के वक्त रात को आऊँगा।

[प्रस्थान]

दृश्य 3

[वेनिसय शाइलॉक के घर का कमरा]
[जैसिका और लॉन्सलौट का प्रवेश]

जैसिका : मुझे सचमुच इसका बड़ा शोक है कि तुम मेरे पिता की नौकरी छोड़कर जा रहे हो। हमारा घर तो नरक की तरह बेजान और बंजर है। काफी हद तक तुम्हारी मज़ाकिया तबीयत दिल लगाया करती थी, लेकिन तुम तो जाने की बात पक्की कर चुके हो, तो फिर विदा! यह लो एक ड्यूकैट ले जाओ। बैसैनियो की मेज पर तुम खाना खाते हुए लौरेन्ज़ो को पाओगे। चुपचाप बिना किसी के भी

जाने हुए गुप्त रूप से यह पत्र उसे दे देना। अब विदा। मैं नहीं चाहती कि तुमसे बातें करते हुए मेरे पिता मुझे देख लें।

लॉन्सलौट : विदा! आँसू मुझे बोलने नहीं देते। ओ अत्यन्त सुन्दर विधर्मी! ओह प्रिय यहूदिन! किसी दुराचारी ईसाई ने ही तेरी माता से स्नेह प्रकट करके तुझे जन्म दिया होगा। किन्तु विदा! निर्बलता के प्रतीक मेरे ये अश्रु, मेरे साहस को कुछ कम कर रहे हैं। विदा!

जैसिका : विदा, अच्छे लॉन्सलौट!

[लॉन्सलौट का प्रस्थान]

उफ! कितना घृणित पाप है मेरा कि मैं अपने ही पिता की पुत्री होने से अस्वीकार करती हूँ। मैं उनकी पुत्री होकर भी उनसे कितनी दूर हूँ! ओ लौरेन्ज़ो! यदि तुम अपनी प्रतिज्ञा का पालन करोगे तो मैं तुम्हारी प्रिय पत्नी बनकर, ईसाई हो जाऊँगी और इस झगड़े का ही अन्त कर दूँगी।

[प्रस्थान]

दृश्य 4

[वही; पथ]

[ग्रेशियानो, लौरेन्जो, सैलैरिनो और सैलैनियो का प्रवेश]

लौरेन्जो : नहीं, हम चुपचाप खाने के वक्त खिसक चलेंगे। मेरे घर चलकर चेहरे पर नकाब चढ़ा लो[1] और घंटे-भर में लौट जाओ।

ग्रेशियानो : हमने तो अच्छी तैयारी भी नहीं की है।

सैलैरिनो : हमने तो अभी मशालचियों का भी इन्तज़ाम नहीं किया।

सैलैनियो : यह सब बेकार ही है अगर हमने इसका ठीक से इन्तज़ाम नहीं किया। बेहतर है हम इस खेल को करें ही नहीं।

लौरेन्जो : अभी तो चार बजे हैं। हमारे सामने दो घंटे पड़े हैं, हम तैयारी कर सकते हैं।

---

1. चेहरे पर नकाब डालने का तब फैशन था।

[लॉन्सलौट का एक पत्र के साथ प्रवेश]

अरे तुम हो लॉन्सलौट! कहो क्या खबर है ?

लॉन्सलौट : आप अगर मोहर तोड़कर यह पत्र पढ़ने का कष्ट करें तो मैं आपको सब बात समझा दूँगा।

लौरेन्जो : इस लिखावट को तो मैं खूब पहचानता हूँ। कितनी सुन्दर है और फिर जिस हाथ ने इसे लिखा है वह तो सफ़ेद कागज़ से भी ज़्यादा गोरा और खूबसूरत है।

ग्रेशियानो : तब तो यह अवश्य ही तुम्हारी प्रिया का पत्र है।

लॉन्सलौट : मुझे जाने की आज्ञा दी जाय।

लौरेन्जो : अब तुम किधर जा रहे हो ?

लॉन्सलौट : भगवान की सौगन्ध! मैं तो अपने पुराने स्वामी शाइलॉक को निमन्त्रण देने जा रहा हूँ। आज रात उसे भी मेरे नये स्वामी बैसैनियो के साथ भोजन पर आमन्त्रित किया गया है।

लौरेन्जो : (*उसे धन देकर*) यह देखो, यह लो। सुन्दरी जैसिका से कहना कि मैं उसे निराश नहीं करूँगा। लेकिन देखो, एकान्त में कहना। बस! अब तुम जा सकते हो।

[लॉन्सलौट का प्रस्थान]

मित्रो! आज रात नाटक[1] करना है। मैंने मशालची का प्रबन्ध कर लिया है।

सैलैरिनो : बहुत अच्छा। माता मेरी की सौगंध है, मैं ज़रा भी वक्त बरबाद किए बिना सब इन्तज़ाम कर लूँगा।

सैलैनियो : यही मेरा भी हाल समझो।

लौरेन्जो : तो फिर अब से एक घंटे बाद, हम लोग ग्रेशियानो के निवास-स्थान पर मिलेंगे।

सैलैरिनो : वाह! क्या कहा है। बिलकुल ठीक है।

---

1. चेहरों का नकाब डालकर एक प्रकार का खेल उस समय किया जाता था। यह नाटक का एक पुराना रूप था।

[सैलैरिनो और सैलैनियो का प्रस्थान]

ग्रेशियानो : क्या वह पत्र तुम्हारी प्रिया सुन्दरी जैसिका का ही नहीं है।

लौरेन्जो : मैं तुमसे कुछ नहीं छिपाऊँगा, सब बता दूँगा। उसने लिखा है कि मैं उसे उसके पिता के घर से कैसे निकालूँ, वह अपने साथ घर से कितने ही हीरे-जवाहरात और सोना निकाल लाएगी और किस प्रकार वह एक सेवक का रूप धारण करके घर से निकलेगी। अगर कभी भी शाइलॉक स्वर्ग जा सकता है तो केवल अपनी इसी दयालु पुत्री के कारण। और यदि इस सुन्दरी पर कोई आपत्ति आ सकती है तो वह निश्चय ही इस विधर्मी यहूदी पिता के कारण। चलो अब चलें। चलते-चलते तुम जैसिका का पत्र पढ़ लेना। नाटक में वस्त्र बदलने पर जैसिका ही मेरा मशालची बनेगी।

[प्रस्थान]

दृश्य 5

[वही; शाइलॉक के घर के सामने]

[शाइलॉक और लॉन्सलौट का प्रवेश]

शाइलॉक : तुम स्वयं अपने पुराने स्वामी शाइलॉक और नये स्वामी बैसैनियो का अन्तर देख लोगे। देख लेना, तुम्हें कोई फायदा नहीं होगा। अरी जैसिका!! हाँ तो! वहाँ तुम्हें ऐसी चराई भी नहीं मिलेगी जैसे यहाँ ठूँस-ठूँसकर खाया करते थे। जैसिका! सुना नहीं!! और वहाँ क्या तुम काहिली कर पाओगे? यहाँ जैसे नई-नई वर्दियाँ घिस-घिस कर फाड़ते थे, वहाँ सब कर सकोगे? जैसिका! सुन नहीं रही है क्या?

लॉन्सलौट : जैसिका!!

शाइलॉक : तुम्हें पुकारने को किसने कहा? मैंने तो तुमसे नहीं कहा था न?

लॉन्सलौट : हुजूर कहा करते थे कि आपकी प्रकट आज्ञा के बिना मैं कुछ नहीं कर सकता था।

[जैसिका का प्रवेश]

जैसिका : पिता! क्या आपने मुझे बुलाया था ? क्यों क्या बात है ?

शाइलॉक : मुझे शाम को भोजन पर निमन्त्रित किया गया है जैसिका! और क्योंकि मैं बाहर जाऊँगा, तुम घर की ये चाबियाँ रखो। लेकिन मैं वहाँ क्यों जाऊँ ? कोई मुझे प्यार के कारण थोड़े ही बुलाया गया है ? वे तो मेरी खुशामद कर रहे हैं! चलो कोई बात नहीं। मैं अपनी नफरत के सहारे ही वहाँ जाऊँगा और उस कंजूस ईसाई बैसैनियो के यहाँ खूब खाऊँगा। मेरी प्यारी बेटी जैसिका, घर की अच्छी देखभाल करना। मुझे वहाँ जाने की कोई खुशी थोड़े ही है! रात मैंने सपने में रुपयों से भरे थैले देखे थे और तभी से मुझे डर लग रहा है कि मुझ पर कोई आफत न आ जाए।

लॉन्सलौट : श्रीमान! अवश्य आइए। मेरे स्वामी बैसैनियो पूरी आशा कर रहे हैं कि आप अवश्य आवेंगे।[1]

शाइलॉक : मैं भी यही कह रहा हूँ।

लॉन्सलौट : मैं समझता हूँ, उन्होंने एक नाटक का भी प्रबन्ध किया है, लेकिन मुझे पक्की तरह से नहीं मालूम। लेकिन यदि आपको कोई मनोरंजन मिले तो इसका कारण क्या हो सकता है। यही कि बुधवार को दोपहर में जो ईस्टर त्यौहार वाला सोमवार पड़ा था न, उसकी सुबह, हाँ सुबह छः बजे को चार साल पहले मेरी नाक में से खून निकला था न, वही हो सकता है।[2]

शाइलॉक : तो आज नाटक का भी प्रबन्ध है वहाँ रात को ? सुना जैसिका, मेरे दरवाज़ों में ताले लगा लेना होशियारी से। जब कभी तुम ढोल

---

1. यहाँ Reproach शब्द का प्रयोग किया गया है, जिससे लॉन्सलौट कहता है—स्वामी आपके आगमन की प्रतीक्षा कर रहे हैं। परन्तु Reproach का दूसरा अर्थ है—डाँटना, तिरस्कार करना। शाइलॉक रिप्रोच के दूसरे अर्थ की ओर इंगित करता है। हिन्दी में इसका अनुवाद हो ही नहीं सकता।

2. एक अनर्गल वार्तालाप। यह शेक्सपियर का निकृष्टतम हास्य है।

की आवाज़ सुनो या शहनाई की तीखी आवाज़ कान में पड़े तो खिड़की में से झाँकना मत। इन मूर्ख ईसाइयों को देखने की कोई ज़रूरत नहीं, जब वे अपने मुखों को रंगकर, उन पर तरह-तरह के चेहरे लगाकर आते हैं। मेरा घर तो शान्ति के लिए प्रसिद्ध है। सब दरवाज़े और खिड़कियाँ अच्छी तरह बन्द रखना ताकि इन बेकार के उत्सवों की आवाज़ें भीतर नहीं आएँ। सचमुच जेकब[1] के पवित्र दण्ड की शपथ खाकर कहता हूँ, वहाँ जाकर रात में उन लोगों के साथ खाने की मेरी तनिक-सी भी इच्छा नहीं है, पर फिर भी मुझे जाना पड़ रहा है। अच्छा (*लॉन्सलौट से*) सुनो, तुम चलो! कह देना मैं आता हूँ।

लॉन्सलौट : मैं आपसे पहले ही पहुँचता हूँ। श्रीमती (*जैसिका से*) खिड़की से ज़रूर झाँकना। एक यहूदिन के देखने लायक एक ईसाई भी उसमें होगा।

[प्रस्थान]

शाइलॉक : वह मूर्ख क्या कहता था?

जैसिका : वह तो 'विदा श्रीमती' कहकर गया है।

शाइलॉक : यह मूर्ख है तो अच्छे स्वभाव का, लेकिन खाता बहुत है, मुनाफे के मामले में गोल, और इस कदर सोता है दिन में कि क्या कोई बिल्ली सोएगी? मेरे घर में ऐसे काहिलों का क्या काम है? चलो अच्छा है, बला टली। यह बहुत ठीक रहा कि यह ऐसे घर का माल बरबाद करने पहुँचा, जहाँ की बरबादी ही मुझे सबसे ज़्यादा पसन्द है। अच्छा जैसिका! भीतर चलो। यह नौकर अपने मालिक को नुकसान देगा। और उधार पाया धन बैसैनियो का खर्च ही हो तो क्या ही अच्छा। सुनो बेटी, मैं जल्दी ही आ जाऊँगा। जो मैंने कहा है, वैसा ही करना। सब दरवाज़े बन्द कर लेना। सुनी है न कहावत, अच्छे मूँदे, अच्छे सोए? बुद्धिमान लोग इसे कभी नहीं भूलते।

---

1. यहूदियों के न्यायी पूर्वज।

[प्रस्थान]

जैसिका : विदा! यदि मेरा भाग्य मेरे विरुद्ध नहीं है, तो मैं एक पिता और तुम एक पुत्री को खो दोगे!

[प्रस्थान]

दृश्य 6

[ग्रेशियानो और सैलैरिनो का प्रवेश। मुखों पर मुखौटे चढ़े हैं]

ग्रेशियानो : यही तो वह साया है, घर का, जहाँ लौरेन्जो ने हमसे ठहरने को कहा था!

सैलैरिनो : लेकिन उसके आने का तो समय निकल चुका!

ग्रेशियानो : सचमुच बड़े अचरज की बात है! प्रेमी तो समय से पहले पहुँचते हैं। और वह है कि विलम्ब कर रहा है!

सैलैरिनो : वीनस के कबूतर तो नये प्रेम पर अपनी मुद्रा लगाने को दस गुनी तेज़ी से उड़ते हैं। वे यह नहीं देखते कि एक वह प्रेम पूर्ण सफल हो जो कि अपनी पूर्ण स्थापना कर चुका हो![1]

ग्रेशियानो : सच कहते हो! जिस भूख की तेज़ी से आदमी खाने बैठता है, उठते वक्त उसमें वह तेज़ी कहाँ रहती है जब पेट भर चुका होता है? कहाँ है वह घोड़ा, जो लौटते वक्त भी उसी तेज़ी से आता हो जिससे पहली बार उड़ा चला जाता है? वस्तु के उपभोग का आनन्द वह तीव्रता कहाँ रखता है जो उसकी प्राप्ति के संघर्ष में होती है! यात्रा पर निकलनेवाला जहाज़ कितना सुन्दर होता है, झंडों से सजा, बिलकुल उसी प्रसिद्ध कहानी के पुत्र-सा जो जब कमाई करने निकला था तो अत्यन्त हर्षित था! और जब वही जहाज़ लौटता है तब पाल फट जाते हैं! लकड़ियाँ चरा जाती हैं। हवा के हाथों

---

1. पुराने प्रेम की तुलना में नया प्रेम आकर्षक होता है। वीनस प्रेम की देवी है। उसके कबूतर प्रेम पर मुहर लगाते हैं।

से झकझोरा हुआ उसी पुत्र का-सा जो विदेशों में जाकर दुश्चरित्रा स्त्रियों में फँसकर सब कुछ लुटाकर लौटता है।[1]

सैलैरिनो : यह लौरेन्जो आ गया! इस विषय पर हम फिर बात करेंगे।

[लौरेन्जो का प्रवेश]

लौरेन्जो : प्रिय मित्रो! सच तुम्हें इतनी प्रतीक्षा कराने का मुझे बड़ा खेद है। लेकिन विश्वास मानो, मुझे बहुत ही आवश्यक कार्य ने रोक लिया था। जब तुम्हारा समय आएगा कि तुम अपनी प्रिया को लेकर कहीं भागोगे, तब देख लेना कि जितनी देर तुमने मेरे लिए प्रतीक्षा की है, मैं इससे कहीं अधिक समय तक रुका रहूँगा। आओ चलो। यही शाइलॉक का घर है। मेरे होने वाले ससुर का! अरे! भीतर कौन है?

(जैसिका खिड़की पर लड़के की वेशभूषा में दिखाई पड़ती है)

जैसिका : कौन है? मैंने तुम्हारी आवाज़ तो पहचान ली है, लेकिन मुझे विश्वास दिलाने के लिए बताओ कि तुम हो कौन?

लौरेन्जो : मैं लौरेन्जो हूँ, तुम्हारा सच्चा प्रेमी!

जैसिका : लौरेन्जो! निश्चय ही तुम हो! मेरे प्रिय हो! आह! कितना प्रेम करती हूँ तुम्हें मैं। और तुम्हारे सिवाय जान भी कौन सकता है कि मैं तुम्हें प्यार करती हूँ।

लौरेन्जो : ईश्वर जानता है, तुम्हारा हृदय जानता है कि मैं तुम्हें कितना चाहता हूँ।

जैसिका : यह एक छोटी पिटारी है, जो मैं ऊपर से फेंकती हूँ। इसे लपकना। छूट न जाए। यह इतनी तकलीफ उठाने से कहीं ज्यादा कीमत रखती है। यही सौभाग्य है कि यह रात का समय है और तुम मुझे देख नहीं सकते क्योंकि लड़के की वेश-भूषा में होने के कारण मैं लज्जा

---

1. पुत्र की कथा इंजील में आती है कि एक लड़का कमाने जाता है और अन्त में सब खोकर लौटता है। पिता उसका फिर भी स्वागत करता है। इंजील में उसे भटकी हुई आत्मा का प्रतीक माना गया है।

से मरी जा रही हूँ। किन्तु प्रेम अच्छा है और प्रेमी उन मूर्खताओं को नहीं देख सकते जो स्वयं करते हैं। यदि वे देख पाते तो कामदेवता स्वयं ही यह देखकर लाज से गड़ जाता कि मैं पुरुष हो गई हूँ।

लौरेन्जो : उतरो! तुम्हें मेरा मशालची बनना है।

जैसिका : हाय! क्या मैं अपनी लज्जा को प्रकाशित करूँगी? सच! वह बहुत झीनी है। कहीं पहचान न ली जाऊँ! प्रियतम! मुझे तो छिपा ही रहने दो।

लौरेन्जो : तुम तो छिप ही गई हो! तुम्हें पहचान ही कौन सकता है? तुरन्त उतर आओ! क्योंकि अब रात तेज़ी से सरक रही है और फिर वे सब बैसैनियो की दावत में हमारी प्रतीक्षा भी कर रहे होंगे।

जैसिका : ठहरो! मैं दरवाज़ों को खूब बन्द कर दूँ और कुछ और धन संग ले लूँ; बस फिर नीचे आती हूँ।

[प्रस्थान—ऊपर ही]

ग्रेशियानो : सचमुच! इस स्त्री में तो कोई यहूदीपन नहीं है, यह तो पूरी ईसाइन है।[1]

लौरेन्जो : यदि मैं इससे अत्यन्त प्रेम न करता होऊँ तो मुझे बुरा कहना। वह चतुर है, कुशल है और मुझे विश्वास है कि मेरी धारणा गलत नहीं है। अत्यन्त सुन्दरी है, मेरी आँखें मुझे धोखा नहीं दे सकतीं, उसके गौरव-भरे आचरण ने प्रमाणित किया है कि वह मुझसे अत्यन्त प्रेम करती है। और ऐसी चतुर, सुन्दर और नेक स्त्री से प्रेम मैं क्यों नहीं करूँगा भला?

[जैसिका का प्रवेश—रंग मंच की भूमि पर]

1-शेक्सपियर के पात्र ईसाई हैं, यहूदी होना उनके लिए कुछ बहुत बुरी बात है। जो उनके लिए अच्छा है वह ईसाई है। जैसे हिन्दू किसी की पवित्रता देखकर कहते हैं : अजी वह तो पूरा ब्राह्मण है! यह भी ऐसी ही अभिव्यक्ति है, क्योंकि जैसिका उनके लिए विधर्मी है।

अच्छा! तुम आ गईं। चलो मित्रो! चलें। हमारे अन्य मित्र जो नाटक में भाग ले रहे हैं, हमारी प्रतीक्षा कर रहे होंगे।

[जैसिका और सैलैरिनो का प्रस्थान। ऐन्टोनियो का प्रवेश]

ऐन्टोनियो : कौन है?

ग्रेशियानो : क्या आप श्रीमान् ऐन्टोनियो हैं?

ऐन्टोनियो : धिक्कार है तुम्हें ग्रेशियानो! बाकी लोग कहाँ हैं जो नाटक में भाग ले रहे हैं? नौ बज गए, सारे मेहमान इन्तज़ार कर रहे हैं। आज रात कोई नाटक नहीं हो सकेगा। हवा का रुख बदल गया है और अनुकूल वायु के बहाव के कारण बैसैनियो को अभी-अभी बेलमोन्ट की ओर जहाज़ में यात्रा करनी पड़ेगी। मैंने तुम्हें ढूँढ़ने को कई लोग दौड़ा रखे हैं।

ग्रेशियानो : यह तो बड़ी खुशी की बात है! जहाज़ पर आज रात ही जाऊँ, इससे बढ़कर और क्या हो सकता है?

[प्रस्थान]

दृश्य 7

[बेलमोन्ट : पोर्शिया के घर का कमरा। तुरहियों की आवाज़]

[पोर्शिया का मोरक्को के राजकुमार तथा अन्य सेवकों के साथ प्रवेश]

पोर्शिया : पर्दें सरकाओ और श्रीमान् राजकुमार को वे डिब्बे दिखाओ। आइए श्रीमान! आप डिब्बा चुनिए।

मोरक्को का राजकुमार : पहला सोने का है। क्या लिखा है इस पर? 'जो मुझे चुनता है, वह वही पाता है जिसे बहुत-से लोग चाहते हैं।' और चाँदी वाले पर लिखा है—'जो मुझे चुनता है, वह वही पाता है, जिसके कि योग्य होता है।' और यह निकृष्ट धातु रांगा, इस पर यह क्या भद्दी-सी बात लिखी है—'जो मुझे चुनता है, वह उस सबको दांव पर लगाता है जो उसके पास है।' (*पोर्शिया से*) किन्तु मुझे यह निश्चय कैसे हो कि मैंने ठीक ही डिब्बा चुना है!

पोर्शिया : श्रीमान् राजकुमार! जो ठीक डिब्बा है, उसमें मेरा चित्र रखा है, यदि आप उसी को चुन लेंगे, तो तुरन्त मेरा विवाह आपसे हो जाएगा।

मोरक्को. : देवताओ! मेरी मदद करो! ठहरो! मैं एक बार फिर इस लिखावट को पढ़ता हूँ! क्या कहती है यह लिखावट रांगे के डिब्बे की? 'जो मुझे चुनता है, वह उस सबको दांव पर लगाता है, जो उसके पास है।' देना होगा! लगाना होगा! लेकिन किस लिए! रांगे के लिए! रांगे के लिए इतना खतरा मोल लेना होगा! यह डिब्बा तो मुझे डराता है। जो मनुष्य कष्ट उठाते हैं, वे केवल किसी सुन्दर वस्तु की प्राप्ति के लिए। उच्च विचारों के व्यक्ति झूठी चकमक पर मोहित नहीं होते। तो फिर मैं ही इस निकृष्ट धातु रांगे के प्रति क्यों आकर्षित होऊँ? और यह श्वेत भव्य चाँदी का डिब्बा क्या कहता है? लिखा है—'जो मुझे चुनता है, वह वही पाता है जिसके कि वह योग्य होता है।' ठहर जाओ, मोरक्को के राजकुमार! अब निष्पक्ष दृष्टि से तनिक अपने ही विषय में चिंतन करो। यदि मैं अपने बारे में सोचूँ, तो यही कहूँगा कि मैं तो बहुत पाने के योग्य हूँ। लेकिन कौन जाने फिर भी मैं सुन्दरी पोर्शिया को प्राप्त करने के योग्य हूँ भी या नहीं? किन्तु मैं स्वयं अपनी योग्यता के विषय में इतना शंकालु क्यों रहूँ? इसका अर्थ तो यही है कि मैं अपने को हेय समझता हूँ। मेरी योग्यतानुसार प्राप्ति की बात है! तब तो मैं पोर्शिया को पाने के योग्य हूँ। अपने उच्च कुल, उच्च पद, धन और गौरव से मैं उसके लिए पूर्णत: समर्थ हूँ। और सबसे बड़ी योग्यता का कारण तो यह है कि मैं उससे प्रेम करता हूँ। तो क्या इसी डिब्बे को चुन लूँ? या आगे बढ़ूँ? लेकिन सोने वाले डिब्बे को एक बार फिर पढ़कर तो देखूँ? कहता है—'जो मुझे चुनता है वह वही पाता है, जिसे बहुत-से लोग चाहते हैं।' सच तो यह है कि सारा संसार पोर्शिया को चाहता है। संसार के हर कोने से लोग उसके लिए आ रहे हैं। आ रहे हैं कि वे इस पवित्र देवी का चुम्बन कर सकें। मानो यह एक जीवित संत है! ईरान के भीषण मरुस्थल और विशाल अरब के बीहड़ सुनसान

विस्तार इस पोर्शिया के दर्शनों की लालसा से दुर्गम नहीं रहे, साधारण राजमार्ग की भाँति बन गए हैं! क्योंकि देश-विदेशों से राजकुमार चले आ रहे हैं। अथाह महासिंधुओं का विस्तार, वह जलमय साम्राज्य जिसका उठती लहरों का सा महत्त्वाकांक्षा-भरा शीश आकाश पर थूकता है, इन विदेशियों को तनिक भी नहीं रोक पाता। वे तो पोर्शिया को देखने के लिए उसे ऐसे लाँघकर आ जाते हैं जैसे वह जल की कोई क्षीणतम धारा हो! इन्हीं तीन डिब्बों में से एक में इस सुन्दरी का दिव्य चित्र है। क्या कभी रांगे के डिब्बे में भी वह हो सकता है। ऐसा सोचना भी अत्यंत कुरूप और जघन्य है। यह तो उसके शव को भी धारण कर लेगा, यह भी सोचना एक पाप ही है! यह तो इस योग्य भी नहीं। तो क्या चित्र चाँदी के डिब्बे में होगा, वह चाँदी, जिससे सोने का मूल्य दस गुना अधिक है! यह भी निकृष्ट विचार है। पोर्शिया के चित्र जैसा मूल्यवान रत्न कभी भी सोने से नीचे स्तर की धातु में नहीं रखा जा सकता। इस पर एक सोने का अंग्रेज़ी सिक्का है, जिस पर एक फरिश्ते की तस्वीर बनी है, वह भी बाहर की तरफ बनी है, और यहाँ एक जीवित देवदूत—पोर्शिया, इसके भीतर है, इसी सोने के डिब्बे में, सबकी दृष्टि से ओझल! मुझे कृपया चाबी दें। मैं यह सोने का डिब्बा चुनता हूँ, जो भी भाग्य में होगा देखा जाएगा।

पोर्शिया : श्रीमन्त राजकुमार! चाबी यह रही। यदि आपको मेरा चित्र इस डिब्बे में मिलेगा तो मैं आपकी पत्नी बन जाऊँगी।

[राजकुमार सोने का डिब्बा खोलता है]

मोरक्को : उफ कितना भयानक! यह मैं क्या देख रहा हूँ। इसमें तो एक हड्डी का कपाल रखा है और उसके खोखल में एक कागज़ रखा है। क्या लिखा है इस पर! (*पढ़ता है।*)

> *हर चीज़ चमकती है जो, होती नहीं सोना,*
> *तुमने नहीं सुनी है क्या ये बात कहीं पर?*

बाहर की इस चमक को यों ही देखकर कितने,
बरबाद हैं नहीं हुए अनजान यहीं पर?
बाहर सजा जो कीमती लगता है मकबरा
भीतर सिवा कीड़ों के नहीं और है उसमें,
जितने हो वीर यदि कहीं होते चतुर वैसे,
कुछ और ही होता तुम्हारे भाग्य के घर में!
अंदाज़ गलत हो गया साबित है तुम्हारा,
आगे बढ़ो, बाकी न रहा, काम तुम्हारा!
ओ ताप विदा! शीत की ठिठुरन है तुम्हारी!
दुर्भाग्य है, श्रम भी गया, यह हार तुम्हारी!

विदा! पोर्शिया! अब समस्त सम्मानों से पूर्ण विदा लेने का धैर्य भी तो इस हृदय में नहीं रहा। मुझ जैसे पराजित प्रेमी को तो तुरन्त चले जाना चाहिए।

[सेवकों के साथ प्रस्थान। तुरही-निनाद]

पोर्शिया : कितनी आसानी से छूट गई हूँ। पर्दें गिरा दो। इस रंग[1] के प्रेमी मुझे इसी भाँति चुनें।

दृश्य 8

[वेनिस-पथ]

[सैलैरिनो और सैलैनियो का प्रवेश]

सैलैरिनो : क्यों भाई! मैंने बैसैनियो को जहाज़ पर देखा है। उसके साथ ही ग्रेशियानो भी गया है। और मुझे विश्वास है कि उसमें लौरेन्जो नहीं था।

सैलैनियो : लेकिन उस नीच यहूदी ने तो चिल्ला-चिल्लाकर ड्यूक से शिकायत

---

1. काले रंग के प्रति उदासीनता का भाव।

की और वे भी अब उसके साथ बैसैनियो के जहाज़ की तलाशी लेने गए हैं।

सैलैरिनो : लेकिन वे तो देर में पहुँचे, जहाज़ तब तक जा चुका था। लेकिन ड्यूक को पता चला कि लौरेन्जो और उनकी प्रिय जैसिका अन्यत्र ही एक विहार-नौका में देखे गए थे। और फिर ऐन्टोनियो ने ड्यूक से दृढ़ता से कहा कि वे बैसैनियो के साथ उसके जहाज़ में नहीं थे।

सैलैनियो : मैंने कभी ऐसा उलझा हुआ आवेश नहीं देखा, इतना विचित्र, इतना भयानक और फिर भी ऐसा डावाँडोल तथा परिवर्तनशील! सड़कों पर वह कुत्ता यहूदी चिल्लाता था : मेरी बेटी! हाय मेरे रुपये! हाय मेरी बेटी! एक ईसाई के साथ भाग गई! हाय मेरा रुपया ईसाई के हाथ जा लगा। न्याय दो! कानून! बचाओ मुझे! मेरे रुपये और मेरी बेटी! मुहर लगा एक थैला था, और मुहर लगे दो सिक्कों से भरे थैले थे, और वह सब मेरी ही बेटी चुरा ले गई! मेरे रत्न! दो हीरे! कितने कीमती थे वे! मेरी बेटी चुरा ले गई! न्याय दो! लड़की को पकड़ो! उसी के पास मेरे हीरे हैं, मेरे सिक्के हैं!

सैलैरिनो : क्यों देखो न! वेनिस के सारे लड़के उनके पीछे चिल्लाते फिरते हैं :

मेरे हीरे, मेरी बेटी, मेरे सिक्के।

सैलैनियो : उस अच्छे आदमी, हाँ मैं अच्छा ही कहता हूँ, ऐन्टोनियो को इस यहूदी का कर्ज़ नियत समय पर चुका देना चाहिए वर्ना वह आफत में पड़ जाएगा।

सैलैरिनो : कुमारी मेरी की सौगन्ध।[1] तुमने खूब याद दिलाया। कल मेरी एक फ्रांसीसी से बातें हुई थीं। उसने बताया कि वेनिस का जहाज़, जो बहुत ही कीमती सामान से लदा हुआ था, वह इंग्लैंड और फ्रांस के बीच के समुद्र में नष्ट हो गया। मुझे फौरन ऐन्टोनियो का खयाल

---

1. कुमारी मेरी—ईसा मसीह ईसाइयों के पैगम्बर की माता, जिसने कुमारावस्था में ईश्वर के पुत्र को जन्म दिया था।

आ गया और मन ही मन परमात्मा से प्रार्थना की कि कहीं वह जहाज़ ऐन्टोनियो का न हो।

सैलैनियो : यह ठीक रहेगा कि तुम जो सुनो सो ऐन्टोनियो को बता दो, लेकिन ऐसे अचानक सूचना न देना कि वह दु:ख का धक्का नहीं झेल सके।

सैलैरिनो : सच कहता हूँ। ऐन्टोनियो से बढ़कर दयालुहृदय मनुष्य मुझे तो नहीं मिला। उसे बैसैनियो से बिछुड़ते देखा था। बैसैनियो ने उससे कहा कि वह जल्दी ही लौटेगा। लेकिन ऐन्टोनियो ने कहा : 'नहीं, मेरे लिए अपने काम का हर्ज मत करना बैसैनियो! पूरा काम करके आना। कहीं ऐसा न हो कि यहूदी से मेरी लिखा-पढ़ी की याद करके तुम अपने प्रेम में व्याघात डालो। प्रसन्न रहो, और वहाँ प्रेम की सफलता प्राप्त करने योग्य बातों में ही जी लगाओ। और यह कहते हुए ऐन्टोनियो की आँखें आँसुओं से भर गईं। उसने मुँह फेर लिया और अत्यन्त स्नेह से उससे हाथ मिलाया। इस तरह उनका वियोग हुआ।

सैलैनियो : ऐसा लगता है कि केवल बैसैनियो के प्रेम के लिए ही ऐन्टोनियो जीवित रहता है। मैं कहता हूँ, मेरे साथ चलो। उसे ढूँढ़ें और उसके गमगीन दिल को राहत पहुँचाने के लिए हम कोई तरकीब करें।

सैलैरिनो : हाँ, चलो। फौरन चलो।

[प्रस्थान]

दृश्य 9

[बेलमोन्ट : पोर्शिया के घर का एक कमरा]
[नैरिसा का एक सेवक के साथ प्रवेश]

नैरिसा : जल्दी करो जल्दी। पर्दा हटा दो। अरागोन के राजकुमार शपथ ग्रहण कर चुके हैं और अब शीघ्र ही चुनाव करने आने वाले हैं। **[तुरही-निनाद। अरागोन के राजकुमार, पोर्शिया तथा अन्य सेवकों का प्रवेश]**

पोर्शिया : वह देखिए, वे रहे डिब्बे, कुलीन राजकुमार! यदि आप वह डिब्बा चुन लेंगे, जिसमें मेरा चित्र है, तुरन्त ही हमारा विवाह हो जाएगा, किन्तु यदि आप असफल रहे तो श्रीमान् को चुपचाप लौट जाना पड़ेगा तुरन्त।

अरागोन : मैंने जिन बातों की कसम खाई है, मैं उन तीनों का पालन करूँगा। पहली यह कि मैंने कौन-सा डिब्बा चुना, यह मैं किसी को नहीं बताऊँगा, दूसरी यह कि यदि मैं असफल रहा तो किसी भी स्त्री से विवाह नहीं करूँगा और अन्तिम यह कि यदि मेरे भाग्य ने मेरा साथ नहीं दिया तो तुरन्त यहाँ से चला जाऊँगा।

पोर्शिया : मुझ जैसी व्यर्थ वस्तु के लिए जो भी यहाँ आते हैं, वे यही प्रतिज्ञा करने को बाध्य होते हैं।

अरागोन : और मैंने भी अपने को इसी के लिए प्रस्तुत किया है। मेरे हृदय की आशा पूर्ण कर! सोना, चाँदी और राँगा! 'जो मुझे चुनता है, उसे अपना सब कुछ दाँव पर लगाना पड़ता है।' तो जहाँ तक तुम्हारा सवाल है, ओ राँगे! तुम्हें तो मेरे चुनाव के योग्य होने के लिए पहले सुन्दर बनना पड़ेगा। और सोने का डिब्बा क्या कहता है? अरे देखूँ? 'जो मुझे चुनता है, उसे वही मिलता है, जो सब लोग चाहते हैं।' जो सब लोग चाहते हैं? सब लोग का मतलब तो हुआ कि मूर्ख भीड़ भी हो सकती है? और भीड़ असली मतलब को कब समझती है, वह तो बाहरी चमक पर लट्टू हुआ करती है। इसके अलावा वह और कुछ थोड़े ही समझती है? जैसे अबाबील बाहरी दीवार पर घोंसला बनाती है, जहाँ उसे आँधी-पानी सब सहना पड़ता है, वैसी ही उसकी बुद्धि होती है। जो सब लोग चाहते हैं, मैं उसे नहीं चुनूँगा, क्योंकि मैं साधारण आदमियों के साथ ही कूद पड़ूँ और बर्बर भीड़ में गिना जाऊँ ऐसा मुझे बिलकुल पसन्द नहीं। देखूँ? चाँदी के डिब्बे पर क्या लिखा है? शायद इसी में वह खजाना हो? 'जो मुझे चुनता है, उसे वही मिलता है, जिसके कि वह योग्य होता है।' खूब कहा? सचमुच ऐसा कौन है जो भाग्य को धोखा देकर

सम्मान प्राप्त कर सके और भीतर गुण भी न हों ? अपने ही गुण से सम्मान प्राप्त हो सकता है, यही अन्तिम सत्य मानना उचित है। आह ? कितना अच्छा होता यदि सम्पत्ति, पद और शक्ति केवल योग्यता के आधार पर प्राप्त होतीं, न कि घूसखोरी और ऐसे ही बुरे रास्तों से ? तब न जाने कितने ही सम्मान पाते जो आज असम्मानित हैं ? और जो आज्ञा दे रहे हैं, उनमें से जाने कितने आज्ञा का पालन करने को बाध्य होते ? न जाने कितने ऊपर उठ जाते और कितने गिर जाते ? और मेरी पसन्द ? मुझे चुनाव जल्दी करना चाहिए ? लिखा है : 'जो मुझे चुनता है वह वही प्राप्त करता है, जिसके कि वह योग्य होता है।' मैं वही प्राप्त करूँगा जिसके कि मैं योग्य हूँ। मुझे इसकी चाबी दीजिए। और तुरन्त मेरे भाग्य को खोलिए।

[चाँदी का डिब्बा खोलता है।]

पोर्शिया : बहुत देर सोचकर भी यह नतीजा निकला।

अरागोन : यह क्या है। एक मूर्ख चुंदे विदूषक का चित्र ? इस पर कुछ लिखा भी है। पढ़ूँ तो सही। यह चित्र ? पोर्शिया के चित्र से कितना भिन्न ? मेरी आशाओं और योग्यताओं के कितने विपरीत ? 'जो मुझे चुनता है, उसे वही मिलता है जिसके कि वह योग्य होता है।' तो क्या मैं इस मूर्ख शीश-चित्र से अधिक कुछ भी प्राप्त करने की योग्यता नहीं रखता ? क्या यही मेरा ईनाम है ? क्या मैं इससे अधिक कुछ भी प्राप्त करने की योग्यता नहीं रखता ?

पोर्शिया : अपराध करना और न्याय करना ये दो भिन्न कार्य हैं ! और दोनों विपरीत प्रकृति के हैं।

अरागोन : देखूँ क्या लिखा है।

[पढ़ता है]

चाँदी है सात बार तपी आग में डलकर,
तप-तप मिला है रूप इसे दीप्त यह उज्ज्वल,

जिसका नहीं निर्णय कभी होता है गलत देख
अनुभव उसे तपा चुका है, कर चुका निर्मल,
कुछ लोग हैं जो बस सुखों की चाह में पागल
ऊपर की चकमकों में सदा भागते व्याकुल
उनकी खुशी उस चाहना की भाँति है चंचल
कुछ भी नहीं है सार वहाँ खेल है पल-पल।
कुछ और हैं जो बन बड़े फिरते हैं बुद्धिमान
भीतर मगर हैं मूर्ख ही, ऊपर से सुघर हैं—
चाँदी के धरे मूर्ख के इस चित्र के समान
दिखते हैं और कुछ मगर, भीतर वे और हैं।
दौलत से छिपाए हुए वे फिरते मूर्खता
पैसे की आड़ में चतुर बनकर हैं घूमते,
उनकी किसी से भी भले शादी हो जहाँ में
रहते हैं मूर्ख ही सदा, कैसे भी झूमते?
मौका निकल गया है, चलें आप, देर क्यों?
यह चित्र सवा सेर है, हैं आप शेर क्यों?

अब अगर मैं यहाँ रुकता हूँ तो और भी मूर्ख प्रमाणित होऊँगा। कितना मूर्ख था मैं कि पोर्शिया को चुनने आया और कितना अधिक मूर्ख हूँ कि मुझे कुछ भी नहीं मिला। विदा! सुन्दरी! विदा! मैं अपनी प्रतिज्ञा का पक्का बना रहूँगा और अपने दुर्भाग्य को धैर्य से सहन करूँगा!

[अरागोन का राजकुमार तथा सेवक प्रस्थान करते हैं]

पोर्शिया : एक और पतंगा मोमबत्ती से झुलस गया है। आह! ये मूर्ख जो इतने चतुर बनते हैं : चुनाव से पहले कितना समय लेते हैं और सदैव ही उनकी मूर्खता गलत चुनाव करने की ओर उन्हें धकेलती है।

नैरिसा : पुरानी कहावत कितनी सच्ची है कि शादी और फाँसी पूरी तरह से किस्मत के हाथ हैं।

पोर्शिया : चलो, पर्दा गिरवा दो नैरिसा!

[एक सेवक का प्रवेश]

सेवक : मालकिन कहाँ हैं?

पोर्शिया : क्यों, मैं यहाँ हूँ! क्या बात है?

सेवक : मालकिन? एक जवान वेनिसवासी अभी आया है। वह कहता है कि उसके स्वामी आने वाले हैं। वह अपने मालिक की तरफ़ से बड़ी कीमती सौगात लाया है। उन्होंने नमस्ते कहलवाया है। ऐसा सुन्दर प्रेम का दूत तो मैंने नहीं देखा। सुखद ग्रीष्म ऋतु[1] अगवानी करने वाले मधुर वसंत का अत्यन्त मधुर दिवस भी अपने स्वामी के आने की सूचना देने वाले इस सेवक की भाँति सुन्दर नहीं होता।

पोर्शिया : बस-बस! इतनी प्रशंसा क्यों उंडेले दे रहा है। कहीं इतनी तारीफ करने के बाद यह मत कहना कि नया अतिथि तेरा ही रिश्तेदार भी है। चलो नैरिसा! मैं उस प्रेमदूत को देखने को आतुर हो उठी हूँ जो इतने माधुर्य और सौन्दर्य का प्रतीक बनकर आया है।

नैरिसा : हे कामदेव! ऐसा कर कि यह बैसैनियो ही हो।

[प्रस्थान]

1-यूरोप में ग्रीष्म ऋतु सुहानी मानी जाती है, क्योंकि वहाँ जाड़ों में कुहरा, बर्फ़ आदि रहते हैं।

तीसरा अंक

दृश्य 1

[वेनिस-पथ]
[सैलैनियो और सैलैरिनो का प्रवेश]

सैलैनियो : सट्टे की दुकान की क्या खबर है ?

सैलैरिनो : अभी तो यही बात पक्की मानी जा रही है कि ऐन्टोनियो का माल लदा जहाज़ इंगलिश चैनल की लहरों में डूब गया। शायद उस स्थान को गुडविन सैंड्स कहते हैं। वह एक बहुत ही खतरनाक रेतीला तीर है, जहाँ बहुत बड़े-बड़े और मज़बूत जहाज़ भी डूब गए हैं। अगर अफवाह को इस बार सत्य माना जाए तब न ? अक्सर ही इन अफवाहों से कितनी गलतफहमियाँ पैदा हो जाती हैं।

सैलैनियो : मैं इतना नहीं चाहता कि यह ऐन्टोनियो के जहाज़ के नाश की खबर भी वैसी ही झूठ निकले जैसे वह बुढ़िया वाली झूठ है कि वह अदरक मिली केक खाती रही और अपने पड़ोसियों को यह खयाल देती रही कि अपने तीसरे पति की मौत पर रो रही थी। लेकिन सारी बड़ी बातों को छोड़कर, बिना इधर-उधर भटके सचाई तो यह है कि ऐन्टोनियो बहुत ही उदात्त और उदार है। काश, मैं उसकी प्रशंसा के लिए नये ही शब्द ढूँढ़ पाता !

सैलैरिनो : अपनी बात को पूरी करो। मैं अन्तिम वाक्य सुनने के लिए आतुर हो रहा हूँ।

सैलैनियो : क्या कहते हो ? सारांश यही है कि ऐन्टोनियो का एक जहाज़ डूब गया है।

सैलैरिनो : एक तो पहले ही वह नुकसान उठा चुका है और यह और !

हे भगवान् ऐसा न कर!

सैलैनियो : भगवान् तुम्हारी बात पर तथास्तु कहें। कहीं शैतान (शाइलॉक) न आ टपके यहाँ अड़ंगा डालने को। लो, वह आ रहा है।

[शाइलॉक का प्रवेश]

अरे शाइलॉक? सट्टे की दुकान की ताज़ा खबर क्या है?

शाइलॉक : तुम स्वयं ही जानते हो और फिर तुमसे बढ़कर इस मामले में कौन जानता है सैलैरिनो! कि मेरी लड़की जैसिका भाग गई है।

सैलैरिनो : यह तो सच है। जहाँ तक मेरा सवाल है, मैं तो उस दर्ज़ी को भी जानता हूँ, जिसके बनाए कपड़े पहनकर वह भागी है।

सैलैनियो : पर शाइलॉक! तुम नहीं जानते कि तुम्हारी लड़की बिलकुल जवान हो गई है और जवान होने पर लड़कियाँ हमेशा माँ-बाप को छोड़ जाया करती हैं।

शाइलॉक : अरे मुझे छोड़कर क्या गई, अपना सत्यानाश कर गई।

सैलैरिनो : हाँ, अगर शैतान इन्साफ करेगा तब तो वह यही कहेगा कि उसका नाश हो गया।

शाइलॉक : मैं इस बात को कभी स्वीकार नहीं कर सकता कि मेरी ही बच्ची मुझसे ही बग़ावत करे? मेरे ही खिलाफ!

सैलैरिनो : तुम्हारी देह में और जैसिका की देह में अब उतना ही भेद है जितना कोयले और हाथी दाँत में। तुम्हारे और उसके रक्त में वही भेद है जो सफेद और लाल शराब में। पर क्या तुमने समुद्र में ऐन्टोनियो के जहाज़ के डूब जाने की भी कोई खबर सुनी है?

शाइलॉक : यह दूसरी बुरी खबर है, क्योंकि इससे ऐन्टोनियो मुझे बड़ा नुकसान पहुँचाएगा, वह तो यारों को उधार दे-देकर ही नंगा हो गया है। वह तो इतना बरबाद हो गया है कि उसमें तो सट्टे की दुकान तक आने की हिम्मत ही नहीं रही है। वहीं वह एक वक्त कितना सजा-धजा, उम्दा-उम्दा कपड़े पहनकर आया करता था, पर उसके पास अब क्या धरा है? लेकिन मुझे चुका दे, बस यही ध्यान रखे।

मुझे तो वह अभिशप्त ऋणदाता कहता था। अपने प्रतिज्ञा-पत्र का स्मरण रखे। ईसाई होने के नाते वह तो बिना ब्याज के रुपये उधार दिया करता था। उसे अपने प्रतिज्ञा-पत्र की याद रखनी चाहिए।

सैलैरिनो : अच्छा, मान लो ऐन्टोनियो समय पर तुम्हारा धन न दे सका, तो मुझे विश्वास है कि तुम उसका मांस नहीं काटोगे। उसके मांस का तुम करोगे भी क्या ?

शाइलॉक : मैं उस गोश्त को मछलियाँ पकड़ने के लिए इस्तेमाल करूँगा। अगर कोई फायदा मुझे नहीं होगा तो कम से कम मेरी वह प्रतिहिंसा तो तृप्त होगी, जो उसके प्रति मेरे मन में पलती आ रही है। उसने अन्य व्यापारियों में मेरे मान को घटाया है और बिना ब्याज के रुपया उधार दे-देकर उसने मुझे बड़ी भारी हानि भी पहुँचाई है। वह तो मेरी हानि पर आनन्द मनाता रहा है और मेरे लाभ का तो उसने सदा मज़ाक उड़ाया है। उसने मेरी सफलताओं का विरोध किया है, नीचा दिखाया है। और वह तो हम यहूदियों को निकृष्ट समझता है। वह मेरे हर व्यापारिक मामले में टाँग अड़ाता है, और न सिर्फ़ उसने मेरे दोस्तों को मुझसे दूर कर दिया है, उसने मेरे शत्रुओं को मेरे विरुद्ध भड़काया भी है और यह सब किसलिए ? सिर्फ़ इसलिए कि मैं एक यहूदी हूँ। लेकिन एक यहूदी में और आदमियों से फर्क ही क्या है ? क्या यहूदी के औरों की तरह आँख, हाथ, इंद्रिय, चेतना और इच्छाएँ नहीं होतीं ? क्या वह भी वही खाना नहीं खाता ? क्या वह भी उन्हीं शस्त्रों से घायल नहीं होता ? क्या वह भी उन्हीं रोगों से पीड़ित नहीं होता ? क्या वह भी उन्हीं दवाओं से ठीक नहीं हो जाता ? क्या ईसाइयों की भाँति ही यहूदियों को गर्मी में गर्मी और जाड़ों में सर्दी नहीं लगती ? क्या तुम हमें शस्त्र भोंकते हो तो हमारा लहू नहीं बहता ? क्या तुम्हारे गुलगुली मचाने पर हमें हँसी नहीं आती ? क्या तुम्हारे विष देने पर हम भी ईसाइयों की भाँति ही मर नहीं जाते ? तुम हमें हानि पहुँचाते हो तो क्या हममें प्रतिहिंसा भी नहीं जागनी चाहिए ? यदि हम तुमसे इन सब बातों में मिलते हैं, तो हम

अपनी हानि करने वालों से प्रतिशोध लेने में भी तुम्हारे समान ही रहेंगे। यदि यहूदी किसी ईसाई की हानि करता है तो क्या वह बदला नहीं लेता? लेता है, लेता है! अगर ईसाई एक यहूदी को नुकसान पहुँचाता है, क्या उसे भी एक ईसाई की भाँति प्रतिशोध नहीं लेना चाहिए? बदला लेने में मैं तो तुम ईसाइयों के उदाहरण का ही अनुसरण करूँगा। सारे शाप मुझे ग्रस लें यदि मैं ईसाई से प्रतिशोध लेने में कोई कमी दिखाऊँ! मैं भी उन्हीं की भाँति उत्कृष्ट घृणा दिखलाऊँगा।

[एक सेवक का प्रवेश]

सेवक : श्रीमान्! स्वामी ऐन्टोनियो अब घर पर हैं और आप दोनों से कुछ बातें करना चाहते हैं।

सैलैरिनो : हम तो उन्हें हर जगह ढूँढ़ते फिर रहे हैं।

[ट्यूबॉल का प्रवेश]

सैलैनियो : यह लीजिए। इसकी ही जाति का एक और व्यक्ति आ गया। इन दोनों यहूदियों से बदमाश तीसरा ढूँढ़े से भी नहीं मिलेगा, बशर्ते कि शैतान ही खुद अब यहूदी नहीं बन जाए।

[सैलैनियो, सैलैरिनो और सेवक का प्रस्थान]

शाइलॉक : कहो ट्यूबॉल! क्या खबर लाए हो जिनोआ से? क्या मेरी पुत्री वहाँ मिली?

ट्यूबॉल : मैंने तो जहाँ-जहाँ उसकी खबर सुनी, वहीं-वहीं गया, पर मुझे तो कहीं भी नहीं मिली।

शाइलॉक : कितना दुर्भाग्य है, क्योंकि वह एक ऐसा कीमती हीरा भी अपने साथ ले गई है, जिसे मैंने जर्मनी में फ्रैंकफुर्ट के मेले में 2000 ड्यूकैट देकर खरीदा था। कभी भी यहूदी जाति पर अब का-सा अभिशाप नहीं पड़ा। कम-से-कम मैंने तो अनुभव नहीं किया। 2000 सिक्के चले गए, सिर्फ इसलिए कि जैसिका अन्य रत्नों के साथ उस हीरे

को भी ले गई! बहुत कुछ ले गई वह तो! काश, वह सारे गहने और जवाहिरात पहने हुए आकर मेरे चरणों पर गिरकर मर जाती! मेरे सारे सिक्के लिए काश वह ताबूत में बंद मेरे पास पड़ी होती। कम–से–कम इस तरह मेरे सिक्के और जवाहिरात तो मेरे पास लौट आते! लेकिन अभी तक इन भागने वालों का कुछ भी पता नहीं लगा है और उन्हें ढूँढ़ने में ही मेरी बहुत हानि हुई है। बजाय इसके कि इससे मुझे लाभ होता, नुकसान पर नुकसान हो रहा है। चोर ले गया इतना माल! और जब चोर की ढुँढ़ाई में फिर गया इतना माल! न कोई तृप्ति, न प्रतिशोध, कोई दुर्भाग्य नहीं जो मेरे कंधों पर नहीं उतरता, कोई आह नहीं, सिर्फ़ मेरी साँसें और आँसू भी कहीं हैं तो बस मेरी आँखों में।

ट्यूबॉल : नहीं, तुम्हीं एक अकेले अभागे नहीं हो। मैंने जिनोआ में सुना था कि ऐन्टोनियो...

शाइलॉक : क्या? क्या सुना था? कहो न? मुसीबत पड़ी है? दुर्भाग्य छाया है?

ट्यूबॉल : उसका त्रिपोलिस से आने वाला एक जहाज़ डूब गया।

शाइलॉक : हे भगवान! हे दयालु! क्या यह सच है? क्या यह ठीक है?

ट्यूबॉल : उस डूबे जहाज़ के कुछ बचे हुए खलासियों से मैंने बातें की थीं।

शाइलॉक : मेरे प्यारे ट्यूबॉल, मैं तुम्हें धन्यवाद देता हूँ। बड़ी प्यारी खबर है। तुम्हें वे लोग जिनोआ में मिले थे?

ट्यूबॉल : हाँ, जिनोआ में ही मैंने तुम्हारी लड़की के बारे में सुना था कि वहाँ एक रात रुकी थी और उसने उसी रात में अस्सी ड्यूकैट खर्च कर डाले थे।

शाइलॉक : कितनी निर्ममता से चोट कर रहे हो मुझ पर! वह धन तो मैं सदा के लिए खो चुका। हे भगवान्! एक बैठक में ही अस्सी सिक्के लुटा दिए। अस्सी सिक्के!

ट्यूबॉल : जिनोआ से मेरे साथ कुछ ऐसे लोग भी आए हैं वेनिस तक

जिन्होंने ऐन्टोनियो को कर्ज़ दे रखा है। उन सबका निश्चय है कि बहुत शीघ्र ही अब ऐन्टोनियो दिवालिया हो जाएगा।

शाइलॉक : वाह-वाह! क्या उम्दा खबर है। अब मैं उससे अपना बदला लूँगा। मैं उसका दिल निकालूँगा। यह सुनकर तो मैं सचमुच बहुत खुश हूँ।

ट्यूबॉल : एक सौदागर ने मुझे एक अँगूठी दिखाई थी जो तुम्हारी लड़की की थी, जिसे देकर जैसिका ने एक बन्दर खरीदा था।

शाइलॉक : सत्यानाश जाए उसका! ट्यूबॉल! तुम्हारे शब्द मुझे काटे दे रहे हैं। वह अँगूठी, जिस पर वह नीला नग जड़ा था, वह मेरे विवाह के पहले मेरी पत्नी ने मुझे उपहार में दी थी। मैं एक बन्दर क्या पूरे बन्दरों के जंगल के बदले में भी उस अँगूठी को न देता।

ट्यूबॉल : लेकिन ऐन्टोनियो का तो टाट पलट गया, इसे पक्की बात मानो!

शाइलॉक : जो तुम कहते हो वह बिलकुल ठीक है। मेरे लिए एक अफसर ढूँढ़ो और दो हफ्ते के लिए उसे मेरे काम के लिए तय कर लो। अगर वह रुपया नहीं चुकाता तो मैं तो उसका हृदय निकालूँगा। एक बार वह वेनिस से निकल जाए तो खूब पैसा कर सकता हूँ। चलो ट्यूबॉल! मुझसे पवित्र मन्दिर में मिलना, बस वहीं मिलेंगे भूल न जाना।

[प्रस्थान]

दृश्य 2

[बेल्मोन्ट : पोर्शिया के घर का एक कमरा]
[बैसैनियो ग्रेशियानो, नैरिसा और सेवकों का प्रवेश]

पोर्शिया : मैं कहती हूँ आप तनिक रुकिए न। एक-दो दिन ठहरिए, बाद में डिब्बा चुन लीजिए। क्योंकि अगर गलत चुन लिया तो फिर आप यहाँ रुक थोड़े ही पाएँगे। इसलिए ज़रा रुकिए। मुझे न जाने क्यों, लगता है, प्रेम की बात यही है कि आप मुझसे नहीं बिछुड़ेंगे। और

आप स्वयं जानते हैं कि ऐसी सलाह से आप यह मतलब नहीं लगाएंगे कि मैं आपको नहीं चाहती। लेकिन कहीं आप मुझे गलत न समझ जाएं। और फिर स्त्री सोचती ही रह जाती है, कह भी तो नहीं पाती। महीने दो महीने ठहरिये, फिर उस खतरे में हाथ डालिए। मैं ही आपको तरकीब सिखाऊँगी कि आप ठीक डिब्बा कैसे चुनें, पर क्या करूँ यह तो विश्वासघात होगा और यह मैं कभी नहीं करूँगी। हो सकता है, आप मुझे नहीं पा सकें। लेकिन इस खयाल के आते ही मेरी इच्छा होती है कि मैं वह भी कर डालूँ, जिसकी कि मुझे आज्ञा नहीं है। अपनी प्रतिज्ञा तोड़ दूँ! बला आए आपकी इन आँखों पर, जिन्होंने मुझ पर जादू कर दिया है और मेरे दिल के दो हिस्से कर दिए हैं—एक में आपके प्रति प्रेम है और दूसरे में मेरे स्वर्गीय पिता के प्रति मेरा कर्त्तव्य! पर जिसे मैं अपना कहती हूँ वह भी तो आपका ही है। मैं तो बिलकुल आप ही की हो गई। अभिशप्त है यह दिन कि स्वामी और उसकी सम्पत्ति के बीच एक भीत खड़ी है। प्रेम के क्षेत्र में मैं आपकी हूँ। किन्तु आपकी स्त्री तो नहीं हूँ। कहीं आपने गलत चुनाव करके मुझे नहीं प्राप्त किया तो भाग्य ही उजड़ गया समझिए! अरे, मैं कितना क्या कुछ नहीं बक गई? पर केवल इसीलिए कि आपको जल्दी चुनाव के इस जंजाल से रोक सकूँ!

बैसैनियो : पहले मुझे चुनाव करने दो क्योंकि अनिश्चय की परिस्थिति में अधिक दिन तक रुका रहना मेरे लिए सम्भव नहीं है। इससे तो मेरी यातना बड़ी तीव्र होगी और मैं लटका ही रहूँगा।

पोर्शिया : लटके तो देशद्रोही रहते हैं। आओ, उस धोखे को स्वीकार करो जोकि तुम्हारे प्रेम से मिला हुआ है।

बैसैनियो : कोई धोखा भी है, यह न सोचो। मैं तो सन्देह के उन भावों का शिकार हूँ, जो मुझे यह डर दिखाते हैं कि कहीं तुम्हारा प्रेम प्राप्त करने में मैं असफल न रह जाऊँ। मेरे प्रेम में धोखा कहाँ? बर्फ और आग क्या मित्रों की भाँति साथ-साथ रह सकती हैं?

पोर्शिया : लेकिन मैं विश्वास नहीं करती। पुरुषों का क्या? अपनी मुसीबत टालने को वे जाने किस मौके पर क्या कह जाते हैं!

बैसैनियो : यदि तुम जीवन-दान का आश्वासन दो; तो मैं असल बात बता सकता हूँ।

पोर्शिया : कहो और जियो!

बैसैनियो : कहूँ और प्रेम करूँ—यह मेरी असली बात का सारा सारांश है। यह कैसी आनन्ददायिनी यातना है कि मुझे सताने वाला ही मुझे कहता है कि मैं अपनी वेदना से मुक्त हो जाऊँ? मुझे डिब्बों के पास ले चलो। मैं अपने भाग्य का निर्णय करना चाहता हूँ।

[डिब्बों के सामने से पर्दा खिंचता है]

पोर्शिया : अच्छी बात है चलो। मैं इनमें से एक में बन्द हूँ। यदि तुम मुझसे प्रेम करते हो तो अवश्य मुझे ढूँढ़ निकालोगे। नैरिसा और सब लोग एक तरफ हो जाओ! चुनाव के समय मधुर संगीत होने दो, ताकि यदि ये असफल भी हो गए तो उस हंस के समान संगीत-माधुरी में तन्मय लौट सकें जो कि मरते समय गाता है।[1] और इस तुलना को पूर्ण करने के लिए मेरे नयनों से गिरते अश्रुधारा का काम देंगे। किन्तु यदि ये सफल होते हैं तो संगीत ही तूर्यनाद हो जाएगा, जैसे कि सिंहासनारोहरण करते समय नये राजा के लिए होता है। और यह संगीत उतना ही मधुर होगा, जितना कि सुखनिंदिया से दूल्हे को विवाह के दिन के लिए जमाने वाला संगीत होता है। बैसैनियो महावीर हरक्यूलीज़ की भाँति बढ़ते हैं, किन्तु हरक्यूलीज़ तो केवल योद्धा था, उसमें इनका-सा प्रेम कहाँ था। ठीक वैसे ही जैसे ट्रॉय के राजा लाओमिडॉन की पुत्री हिसिओन को उस समय हरक्यूलीज़ छुड़ाने गया था जबकि ट्रॉय की रोती हुई प्रजा राजकुमारी को समुद्री दैत्य की बलि चढ़ाने जा रही थी। मैं खड़ी हूँ यहाँ उसी

---

1. कवि-सत्य—यूरोप में प्रचलित।

हिसिओन की भाँति, और यह नैरिसा, ये मेरी सेविकाएँ खड़ी हैं उन ट्रॉय नगरवासिनी स्त्रियों की भाँति जो उस महान साहसपूर्ण कार्य को अश्रुपूर्ण नयनों से देख रही थीं।

बढ़ो! मेरे हरक्यूलीज़! तुम्हारी सफलता पर मेरा जीवन, मेरे जीवन का आनन्द निर्भर है। यदि तुम असफल होते हो तो वही मेरे लिए मृत्यु है। मैं इस संघर्ष को तुमसे भी अधिक लगाव से देखूँगी, क्योंकि तुम भी इससे प्रभावित नहीं होओगे।

[बैसैनियो जब डिब्बों का निरीक्षण करता हुआ अपने-आप बोलता है तब संगीत सुनाई देता है]

[गीत]

क्षणभंगुर अस्थायी चंचल—

प्रेम कहाँ रहता है छिपता?

मन में, या विचार में बोलो,

कब जन्मा वह कैसे पलता?

बोलो, बोलो!

नयनों में वह जन्म नया घर

रहता तब तक जीवित निर्भर

जब तक लक्ष्य उसे है दिखता

सच्चा प्रेम यही है करता!

ऐसे छलमय चपल प्रेम को

दूर हटाओ, दूर हटाओ,

मैं घंटे अब करूं निनादित

चलो विदा दो उसको आओ!

सब : चलो विदा दो, उसको आओ!

बैसैनियो : इसी प्रकार वस्तु के बाह्य रूप और आंतरिक रूप एक-दूसरे से दूर हो सकते हैं। संसार केवल बाह्य रूप से ही प्रतारित होता

रहता है। न्यायालय में, जब तर्क नहीं रहता, तब भी वकील के शब्दाडंबर से कुरूप अन्याय छिपा रह जाता है। धर्म के क्षेत्र में कोई भी अनर्गलता क्यों न हो, शास्त्र का प्रमाण देकर सब कुछ स्वीकार कर लिया जाता है? कौन-सी कुरीति या बुराई नहीं है जो अपने को किसी अच्छाई के जाल से नहीं ढकी रहती? कितने ऐसे कायर, जिनके हृदय धसकती बालू से भी कच्चे होते हैं, देखने में परमवीर हरक्यूलीज की-सी दाढ़ी नहीं रखते, युद्ध-ग्रह मंगल देवता की भाँति कठोर दृष्टि से नहीं देखते? किन्तु न उनमें साहस होता है, न शक्ति ही। सौन्दर्य को ही लें! कितना ही तो उस श्रृंगार और प्रसाधन के कारण आकर्षक होता है, चाहे वह सामग्री हाट से कितने ही ऊँचे मोल पर क्यों न खरीदी गई हो। किन्तु यह बाह्य श्रृंगार तो ठोस नहीं होते। यह तो कृत्रिम सौन्दर्य होता है। मिथ्यारूपसी के सुनहले सांपों-से लहराते घुँघराले केशों के साथ क्या यह सत्य नहीं होता कि वे किसी मृत स्त्री के ही होते हैं, जिन्हें वह अपने ऊपर लगा लेती है? आभूषण तो एक भयानक समुद्र के प्रतारण-भरे तीर होते हैं। वह तो उस सुन्दर अवगुंठन की भाँति होते हैं जो एक कृष्णवर्ण भारतीय सुन्दरी के मुख को ढके रहते हैं। ये चतुर जाल तो बुद्धिमान को भी ठग लेते हैं। ये सत्य होते नहीं, सत्य-से लगते अवश्य हैं। इसलिए ओ चमकदार सोने! अतीत के राजा माइडास का भोजन![1] मुझे तुझसे कोई काम नहीं। ओ चाँदी! ओ मनुष्य और मनुष्य के बीच माध्यम के दीन साधन! मैं तो इस दरिद्र रांगे को चुनूँगा, क्योंकि यह कोई झूठा-सा वादा नहीं करता। इसकी सुस्ती मुझे बुलाती है, न कि सोने और चाँदी की चमक मुझे लुभा सकेगी। मैं इसी को चुनता हूँ और मुझे सफलता दिलाएगा।

---

1. माइडास के स्पर्श से हर वस्तु सोना बन जाती थी। जब उसने गर्म खाना मुँह में रखा तो वह सोना बन गया और इस प्रकार मुख जल गया।

पोर्शिया : (*स्वगत*) कितनी शीघ्र ही वे संदेहात्मक विचार, आतुर निराशा, काँपता भय, हरी आँखों वाली ईर्ष्या जैसे भाव विलीन हो गए। आह रे प्रेम! अपने आनन्द पर संयम कर, अपने हर्ष को क्रमश: मेरे मानस पर प्रस्रवित कर। कहीं उसकी अति न हो जाए। विभोर सुख सीमित रह, कहीं मर्यादा का अतिक्रमण न हो जाए।

बैसैनियो : क्या है इसमें?

[डिब्बा खोलकर]

सुन्दरी पोर्शिया का चित्र! किस दिव्य चित्रकार ने यह अद्भुत सौन्दर्य अंकित किया है। क्या ये नयन हिल रहे हैं या मेरे ही हिलते नयनों को ये चंचल दिखाई दे रहे हैं। ये अधखुले अधर, ऐसा लगता है जैसे इनमें से मधुश्वास निकल रहा है। यही श्वास दो अभिन्न मित्रों को इतनी दूर भी कर सका है। इसी के केश-पाश के चित्रण में मानो एक जाला[1] बुन दिया है चित्रकार ने इस सुवर्ण की-सी झिलमिल में मनुष्यों के हृदय फँस जाएँ। इतनी शीघ्र कि पतंगे भी नहीं फँसते होंगे। नयनों का वह अंकन भी कैसे करता। एक को बनाते-बनाते ही वह अपने दोनों को भूल चुका होगा। किन्तु फिर भी तो यह छाया क्या मूल सौन्दर्य की तुलना में रखी जा सकती है? और मेरे शब्द तो इस छाया का भी सौन्दर्य पूरी तरह प्रकट करने में असमर्थ हो रहे हैं। यह क्या लिखा है, मेरे भाग्य की व्याख्या है, या सारांश...पढ़ूँ इसे...

[पढ़ता है]

तुम जो कि नहीं भूलते हो देखकर झिलमिल
किस्मत के हो बुलन्द तुम चुनते हो ठीक ठौर,
मिलती है भाग्य से तुम्हें जो चीज़ यहाँ पर
इसमें ही रहो खुश, न कहीं ढूँढ़ना कुछ और

---

1. शेक्सपियर ने मकड़ी का जाला लिखा है, जो अच्छ नहीं लगता।

इससे अगर प्रसन्न हो, मन में हो समझते,
आनन्द प्राप्त कर लिया, बाधा नहीं सहनी,
तो देख लो मुड़कर खड़ी जो सुन्दरी है पास
उसका करो तुम प्रेम से चुम्बन समझ अपनी।

क्या बात लिखी है! प्रिये पोर्शिया! आज्ञा दो कि मैं तुम्हारा चुम्बन कर सकूं। (चुम्बन करके) मैं तो लिखित के अनुसार तुम्हारा चुम्बन करने आया हूँ और बदले में एक और प्राप्त करने का भी अधिकारी हूँ। मैं तो अपने को एक प्रतियोगिता का पात्र समझ रहा था, जिसमें विजेता को पुरस्कार मिलना था। ऐसे व्यक्ति जब भीड़ को जय-जयकार करते देखता है, तब वह समझता है कि वह विजयी हुआ है, किन्तु आशा और आशंका में डावाँडोल वह निर्णय नहीं कर पाता कि वह कोलाहल उसके लिए हो रहा होता है या उसके प्रतिद्वन्द्वी के लिए। ओ सुन्दरी! यही हाल मेरा है, क्योंकि जब तक तुम अपने अधरों के चुंबन से हस्ताक्षर नहीं करोगी, मुद्रा नहीं लगा दोगी, तब तक अपनी विजय के बारे में मुझमें सन्देह ही बना रहेगा।

पोर्शिया : मेरे स्वामी बैसैनियो! आप देखते हैं, मैं आपके सामने खड़ी हूँ। जहाँ तक मेरा प्रश्न है; मैं जो कुछ हूँ उसी में संतुष्ट हूँ और कुछ भी अधिक नहीं होना चाहती। किन्तु आपके लिए मैं आठ गुना, हज़ार गुना अधिक सुन्दर हो जाना चाहती हूँ, दस हज़ार गुना धनी हो जाना चाहती हूँ। मैं तो रूप, गुण, धन और मित्रों, सब कुछ में सर्वश्रेष्ठ हो जाना चाहती हूँ ताकि आपकी दृष्टि में मेरा मूल्य कहीं अधिक बढ़ जाए। किन्तु मैं क्या हूँ? एक अशिक्षित, अयोग्य और अनुभवहीन बालिका से अधिक तो कुछ भी नहीं। किन्तु भाग्य से मैं अभी तरुणी हूँ और सीख सकती हूँ, क्योंकि स्वभाव और शिक्षा से मैं सुस्त नहीं हूँ और मैं सीख ही नहीं सकूँ और आपको मैंने स्वामी रूप में प्राप्त किया है इससे बढ़कर मेरे लिए क्या है? मुझे पथ-प्रदर्शन करने को आप जैसे गुरु प्राप्त हुए हैं! अब मैं और जो

कुछ मेरे पास है, आप ही उस सबके स्वामी हैं। अभी तक मैं ही इस विशाल भवन की स्वामिनी थी, इन सेवकों की रानी थी, रानी थी अपनी भी, किन्तु अब यह भवन, ये सेवक और स्वयं मैं भी आपके हैं प्रभु! यह अँगूठी आपको देते हुए मैं सब कुछ आपको देती हूँ। यदि आप इसे खो देंगे या किसी अन्य को दे देंगे तो यह स्पष्ट प्रकट कर देगा कि आप मुझसे प्रेम नहीं करते और तब मैं आपका इसके लिए तिरस्कार करूँगी।

बैसैनियो : श्रीमती! मैं अपनी भावनाओं को व्यक्त करने के लिए उपयुक्त शब्द नहीं पा रहा हूँ। आवेग ने मुझे ग्रस लिया है और शब्दों के अभाव ने मुझे और मेरी सारी शक्तियों को संकट में डाल दिया है : ऐसे ही जैसे आनन्द की सीमा का उप्पलव हो जाने पर उस समय लोगों की अवस्था हो जाती है, जब वे अपने प्रिय शासक का मधुर भाषण सुनने पर आनन्द से उद्वेलित गुंजन करते हैं। और तब अनेक स्वरों में उठने वाला वह गुण-गान ध्वनियों के गुंथ जाने से स्पष्ट सुनाई नहीं देता—केवल जय-जयकार-सा प्रकट होता है। यदि यह अँगूठी मेरे पास नहीं रहेगी तो मेरा जीवन भी मेरे पास नहीं रहेगा। अरे, स्पष्ट समझ लो कि तब बैसैनियो मर जाएगा।

नैरिसा : श्रीमती और स्वामी बैसैनियो! हम जो इतने दिनों से अपनी मनोकामना के पूर्ण होने की प्रतीक्षा कर रहे थे, आप दोनों को हार्दिक बधाई देते हैं। आप दोनों सदैव सुखी रहें।

ग्रेशियानो : श्रीमान् बैसेनियो और श्रीमती! मैं आपके मनोवांछित सुखों की कामना करता हूँ, क्योंकि मुझे निश्चय है कि आप भी मेरे लिए वही कामना करेंगे। जब आपका विवाह हो, मैं प्रार्थना करता हूँ कि मुझे भी तभी विवाह करने की आज्ञा दी जाए।

बैसेनियो : अवश्य! यदि तुम पत्नी खोज सको!

ग्रेशियानो : मैं आपको धन्यवाद देता हूँ, वह तो आपकी कृपा से मुझे मिल ही गई। श्रीमान्! सौन्दर्य की परख में आपके ज्ञान जितने कुशल हैं उतने ही मेरे भी। आपने स्वामिनी से प्रेम किया, मैंने सेविका

से, और प्रेम के विषय में मैं भी विलम्ब नहीं चाहता। जिस प्रकार आपके प्रेम की सफलता असली डिब्बे के चुनाव पर निर्भर थी, उसी प्रकार मेरे प्रेम की सफलता आपके द्वारा ठीक डिब्बे का चुनाव किए जाने पर निर्भर थी। मैंने उससे घोर याचना की और इतनी कि मैं थक गया, अन्त में उसने मुझसे प्रतिज्ञा की—यदि प्रतिज्ञा का विश्वास किया जा सके—कि वह मुझसे तभी विवाह करेगी जब आप उसकी स्वामिनी से विवाह कर सकेंगे।

पोर्शिया : नैरिसा! क्या यह सत्य है?

नैरिसा : हाँ, श्रीमती, है तो सत्य! अब यदि आप प्रसन्न हों।

बैसैनियो : क्या तुम सचमुच इस विषय में गंभीर हो?

ग्रेशियानो : हाँ श्रीमान्।

बैसैनियो : हमारी शादी की दावत तुम्हारी शादी की वजह से कहीं ज्यादा इज्ज़त हासिल करेगी।

ग्रेशियानो : कौन आ रहा है? लौरेन्जो और उसकी विधर्मी स्त्री? और कौन? मेरा वेनिसवासी पुराना मित्र सैलैरियो?

[लौरेन्जो, जैसिका और सैलैरियो का प्रवेश]

बैसैनियो : स्वागत लौरेन्जो और सैलैरियो! आओ! यदि इस घर का सद्यः प्रभुत्व मुझे अधिकार देता है तो मैं तुम्हारा यहाँ स्वागत करता हूँ और मेरा यह कार्य पूर्णतः न्याय है। सुन्दरी प्रिय पोर्शिया! आज्ञा दो कि मैं अपने प्रिय मित्रों और स्वदेशबन्धुओं का इस घर में स्वागत करूँ।

पोर्शिया : उनका स्वागत है स्वामी! वे हमारे अतिथि हैं।

लौरेन्जो : मैं श्रीमान् को धन्यवाद देता हूँ। जहाँ तक मेरा प्रश्न है श्रीमान्! मेरा इरादा यहाँ आपसे मिलने का नहीं था। मुझे तो यों ही सैलैरियो से मिलना था। उसने मुझे ऐसे जोर देकर बुलाया था कि मेरे लिए अस्वीकार करना असम्भव हो गया। और मैं उसके साथ ही आ गया।

सैलैरियो : यह ठीक है श्रीमान्! और इसकी वजह भी थी। श्रीमन्त ऐन्टोनियो ने आपको अपनी शुभकामनाएँ भेजी हैं।

[बैसैनियो को एक पत्र देता है]

बैसैनियो : इससे पहले कि मैं उनका पत्र खोलूँ, मैं प्रार्थना करता हूँ कि आप पहले मुझे मेरे मित्र के बारे में बताएँ कि वे सकुशल तो हैं ?

सैलैरियो : नहीं श्रीमान्, वे बीमार नहीं हैं, दिमागी परेशानी की तो मैं क्या कह सकता हूँ! उन्हें शान्ति और सांत्वना की आवश्यकता है। उनके पत्र से ही आपको उनकी हालत का अन्दाज़ा हो जाएगा।

[बैसैनियो पत्र पढ़ता है]

ग्रेशियानो : नैरिसा! आगन्तुक का स्वागत करो और उन्हें अपनी ओर से शुभ वचन प्रदान करो। सैलैरियो, आओ, मुझसे हाथ मिलाओ। वेनिस से क्या खबर लाए हो ? दयालु श्रेष्ठिराजकुमार ऐन्टोनियो कैसे हैं ? मुझे निश्चय है कि वे हमारी सफलता का संवाद सुनकर अत्यन्त प्रसन्न होंगे। हम लोग जेसन की भाँति हैं और हमने सुनहली ऊन प्राप्त कर ली है।[1]

सैलैरियो : काश, तुम वह सुनहली ऊन हासिल कर पाते जो ऐन्टोनियो ने खो दी है।[2]

पोर्शिया : इन कागज़ों में अवश्य कोई बुरी खबर है क्योंकि बैसैनियो के चेहरे का रंग उड़ा जा रहा है। क्या कोई प्रिय मित्र स्वर्गवासी हुआ, अन्यथा किसी भी दृढ़ पुरुष का धैर्य इतना विचलित करने की सामर्थ्य किसमें है ? क्या खबर बुरी से बदतर होती जा रही है कि आप इतने पीले पड़ते चले जा रहे हैं ? क्षमा करें। बैसैनियो! मैं आपकी अर्द्धांगिनी हूँ, मुझे इस पत्र के संवाद का ज्ञान प्राप्त करने की आज्ञा दीजिए।

---

1. एक आप्त कथा का सन्दर्भ है। यहाँ सुनहली ऊन से पोर्शिया और नैरिसा से तात्पर्य है।
2. यहाँ धन से तात्पर्य है।

बैसैनियो : प्रिये पोर्शिया! इन कागज़ों पर कुछ बहुत ही अशुभ अक्षर लिखे हैं। प्रिये, तुम तो खूब जानती हो कि जब मैंने पहली बार तुमसे अपना प्रेम प्रकट किया था तब बिलकुल स्पष्ट रूप से कह दिया था कि अपने कुलीन जन्म के अतिरिक्त मेरे पास कोई धन नहीं था। जो मैंने कहा था वह बिलकुल सच था। जब मैंने कहा था मेरे पास कोई सम्पत्ति नहीं थी, तब मुझे कहना चाहिए था कि मेरी परिस्थिति बहुत ही शोचनीय थी। सचाई तो यह है कि मैंने अपने एक अत्यन्त प्रिय मित्र से धन उधार लिया था और मुझे उस समय धन देने के लिए उसे अपने एक घोर शत्रु से उधार लेना पड़ा था। प्रिये! उसी मित्र का यह पत्र है। कागज़ नहीं उसका शरीर है। और इस पर अक्षर नहीं लिखे हैं तब उसके शरीर पर हुए वे घाव हैं जिनसे जीवनदायी रक्त बहा जा रहा है। किन्तु सैलैरियो! क्या यह सत्य है कि उनके सम्पत्ति से लदे सारे जहाज़ विनष्ट हो गए हैं? त्रिपोलिस, मैक्सिको, इंग्लैंड, लिस्बन, बार्बरी, भारत इत्यादि विभिन्न स्थानों को गए हुए उनके अनेक जहाज़ों में से क्या एक भी वेनिस नहीं लौटा? क्या भीषण समुद्री चट्टानों से एक भी नहीं बच सका? क्या उन सबका ही लहरों में सर्वनाश हो गया।

सैलैरियो : एक भी नहीं बचा श्रीमन्त बैसैनियो! किन्तु सबसे अधिक कष्टकर बात तो यह है कि शाइलॉक उस धन को लेने को भी तैयार नहीं है जो मौजूद है, और ऐन्टोनियो देने को तैयार है। मैंने कभी इस यहूदी की भाँति मनुष्य शरीर में छिपे हिंस्र पशु को नहीं देखा जो कि अपने ही जैसे दूसरे मनुष्य का सर्वनाश करने पर तुल गया हो। वह ड्यूक पर ज़ोर दे रहा है, रात-दिन लगा है कि ऐन्टोनियो के विरुद्ध वे कोई कड़ा कदम उठाएँ। यदि ऐन्टोनियो को दण्ड नहीं दिया जाता तो शाइलॉक उन अधिकारों का प्रश्न उठा देगा जो उस जैसे विदेशियों को भी वेनिस के नागरिकों की भाँति प्राप्त हैं। बीस व्यापारी, स्वयं ड्यूक और राजा के सर्वोच्च अधिकारी, सम्मानित पदाधिकारी उससे कह चुके हैं कि वह अपनी माँग हटा ले, किन्तु

कोई भी सफल नहीं हो सका है कि उसकी ईर्ष्या-भरी माँग को रोक सके, जो न्याय माँगती है और समय पर दस्तावेज़ की कीमत न रख सकने के कसूर का मोल माँग रही है।

जैसिका : जब मैं अपने पिता के साथ रहती थी, मैंने उन्हें अपनी जाति के कई व्यक्तियों, ट्यूबॉल और उससे यह ज़ोरदार शब्दों में कहते सुना था कि वे ऐन्टोनियो को दिए रुपयों से बीस गुना धन लेने की अपेक्षा उसके शरीर का आधा सेर मांस लेना कहीं अधिक पसन्द करेंगे। अपने पिता को पूरी तरह से जानते हुए, मैं विश्वास दिलाती हूँ श्रीमान्‌! यह कानून, राज्य के अधिकारी और स्वयं ड्यूक की शक्ति उन्हें उनके पथ पर चलने की स्वतन्त्रता देंगे तो बेचारे ऐन्टोनियो को दया नहीं मिल सकेगी।

पोर्शिया : क्या यही आपके वे दयालु और उदात्त विचार वाले मित्र हैं जिन्होंने आपको धन दिया था। क्या वे खतरे में हैं?

बैसैनियो : वह मेरा अत्यन्त प्रिय मित्र है। उसका हृदय बहुत ही दयालु है, उदात्त प्रकृति है और वह कभी भी करुणा-भरे कार्य करते नहीं हटता। उसमें प्राचीन रोम-निवासियों का गौरव और सम्मान है, जैसा आज के इटली में शायद ही किसी में हो।

पोर्शिया : उन्हें यहूदी को कितना धन देना है?

बैसैनियो : मेरे कारण उन्हें यहूदी को 3000 सिक्के देने हैं।

पोर्शिया : केवल तीन हज़ार ड्यूकैट देने हैं उन्हें यहूदी को? उसे 6000 सिक्के दे दिए जाएँगे, वह उस लिखा-पढ़ी को रद्द कर दे। मैं उसे 12000 नहीं, 18000 ड्यूकैट तक ऐन्टोनियो जैसे अच्छे मित्र के लिए देने को तैयार हूँ। ऐसे मित्र को आपके कारण तनिक भी कष्ट नहीं सहना चाहिए। किन्तु पहले हम सबको गिरजे जाकर विवाह करना चाहिए और तब आपको तुरन्त वेनिस, अपने मित्र की रक्षा करने को, जाना चाहिए। मैं तब तक आपके निकट नहीं सोऊँगी जब तक कि आपकी सारी परेशानी दूर नहीं हो जाती। उस छोटे-से ऋण को चुकाने के लिए मैं आपको उस ऋण से बीस गुना ज़्यादा

धन दूँगी। जब धन दे दिया जाए तब आप अपने मित्र को भी यहीं ले आइए। तब तक मैं और नैरिसा सेविकाओं या विधवाओं की भाँति रहेंगी। शीघ्रता करें और आप यह भी याद रखें कि आपको विवाह के दिन ही वेनिस को रवाना हो जाना है। धैर्य रखिए और अपने मित्रों का उत्फुल्ल स्वागत कीजिए। मैं आपसे बहुत प्रेम करूँगी, क्योंकि मैंने आपको मुश्किल से पाया है। किन्तु मुझे अपने मित्र ऐन्टोनियो का पत्र सुनाइए।

बैसैनियो : (*पत्र पढ़ता है*) प्रिय बैसैनियो, मेरे सब जहाज़ नष्ट हो गए हैं। मेरे ऋणदाता सब निष्ठुर हो गए हैं और अपना सारा रुपया माँग रहे हैं। मेरे पास उन्हें देने के लिए कुछ भी नहीं है। क्योंकि मैं शाइलॉक को समय पर धन नहीं दे सका, और क्योंकि इसका दण्ड मृत्यु है, इसलिए मैं उन सब ऋणों को जो तुम्हें मुझे चुकाने हैं, तुम पर से रद्द करता हूँ। किन्तु मेरी बड़ी इच्छा है कि मरने से पहले एक बार तुमसे मिल सकूँ। यदि तुम्हारा नया प्रेम तुम्हें आने से रोकता है, तो मेरा पत्र तुम पर व्यर्थ ही दबाव न डाले यही चाहता हूँ।

पोर्शिया : हाय रे! हम अपना कार्य तुरन्त समाप्त करें और शीघ्र आप वेनिस जाइए।

बैसैनियो : मैं तुरन्त जाऊँगा, क्योंकि तुमने अत्यन्त कृपा करके आज्ञा दे दी है। किन्तु मैं विश्वास दिलाता हूँ कि मैं वहाँ आवश्यकता से अधिक तनिक भी नहीं ठहरूँगा और तब तक विश्राम नहीं करूँगा जब तक जल्दी लौट न आऊँ।

[प्रस्थान]

दृश्य 3

[वेनिस-पथ]

[शाइलॉक, सैलैनियो, ऐन्टोनियो और जेलर का प्रवेश]

शाइलॉक : जेलर! इसका ध्यान रखना। मुझसे दया की मत कहो। यही

है वह मूर्ख जो मुफ्त धन उधार देता था। जेलर! इसको अच्छी तरह देखना। हाँ! निकल न जाए!

ऐन्टोनियो : शाइलॉक! मेरी बात तो सुनो!

शाइलॉक : मुझे तो दस्तावेज़ की शर्त से मतलब है, उसके विरुद्ध मत बोलना। मैंने कसम खाई है कि शर्त पूरी करवाऊँगा। तुमने अकारण मुझे कुत्ता कहा था, और क्योंकि मैं कुत्ता हूँ मेरे दाँतों से सावधान रहो। ड्यूक मुझे न्याय देंगे। मुझे ताज्जुब है, ओ अधम जेलर! कि तुम इसकी प्रार्थना पर इसे लेकर बाहर आ गए। क्या तुम इतने मूर्ख हो?

ऐन्टोनियो : कृपया मेरी बात तो सुन लें।

शाइलॉक : मुझे शर्त चाहिए। मैं तुम्हारी बात सुनना नहीं चाहता। मुझे शर्त पूरी करवानी है; और इसीलिए मुझसे और बातें मत करो। मैं कोमल और मन्ददृष्टि मूर्ख नहीं बन सकता कि सिर हिला दूँ और दया करूँ, आह भरूँ और ईसाई मित्रों के सामने समर्पण कर दूँ। पीछे मत आओ। मैं बात नहीं करना चाहता, मुझे शर्त पूरी करवानी है।

[प्रस्थान]

सैलैनियो : मनुष्यों के बीच ऐसा हृदयहीन कुत्ता शायद ही कभी रहा हो!

ऐन्टोनियो : उसे छोड़ो, चाहे जिस राह पर वह चले। ऐसी निष्फल प्रार्थनाएँ लेकर मैं उसके पास नहीं जाऊँगा। वह मेरा जीवन चाहता है, और मैं खूब जानता हूँ कि वह ऐसा क्यों चाहता है। मेरे पास आकर अपना दुखड़ा रोने वाले कितने ही व्यक्तियों को मैंने इसके चंगुल से छुड़ाया है। और यही कारण है कि मुझसे घृणा करता है।

सैलैनियो : मुझे निश्चय है कि ड्यूक ऐसी शर्त को कभी भी पूरा नहीं होने देंगे।

ऐन्टोनियो : ड्यूक कानून को तो नहीं रोक सकते। विदेशियों को हमारे साथ वेनिस में समानाधिकार है और यदि उससे उन्हें वंचित किया

जाता है, तो राज्य के न्याय-विधान पर बड़ा अभियोग लगेगा। जानते हो न कि नगर का व्यापार और लाभ सारी ही जातियों और राष्ट्रों से चलता है। इसलिए जाने भी दो। इन दुःखों और हानियों ने मुझे इतना निराश कर दिया है कि कल मेरे हिंस्र ऋणदाता को शायद ही आधा सेर मांस प्राप्त हो। चलो जेलर! ईश्वर से प्रार्थना करो कि बैसैनियो आ जाए ताकि मैं उसका ऋण चुका दूँ और फिर शान्ति से प्राण त्याग कर दूँ।

[प्रस्थान]

दृश्य 4

[बेल्मोन्ट : पोर्शिया के घर का एक कमरा]
[पोर्शिया, नैरिसा, लौरेन्जो, जैसिका और बॉलथाज़र का प्रवेश]

लौरेन्जो : श्रीमती! यद्यपि मैं आपके सामने ही कहता हूँ कि आपके विचार अत्यन्त उदार और उदात्त हैं, बल्कि आपको पवित्र प्रेम का भी पूरा ज्ञान है, आप इसे मेरी चाटुकारिता न समझें। अपने पति की अनुपस्थिति में भी जो उत्फुल्लता आपने प्रदर्शित की है वह निश्चय ही स्तुल्य है। किन्तु यदि आपको मालूम होता कि जिसके प्रति आप इतनी दया दिखा रही हैं वह कितना महान् है, और आपके पति को उससे कितना गहरा स्नेह है, तो मैं निश्चय से कह सकता हूँ कि उसके प्रति करुणा दिखाने में आपको कहीं अधिक हर्ष और गर्व होता। यदि यही आप किसी साधारण व्यक्ति के प्रति करतीं, तो उसमें आपको इतना आनन्द नहीं होता।

पोर्शिया : मैंने कभी किसी का भला करने पर शोक नहीं किया, न अब करती हूँ। मुझे निश्चय है कि जो मनुष्य प्रेम के बन्धन में दृढ़ता से बंधे रहते हैं और एक-दूसरे के साथ समय को सुख से बिताते हैं, वे सूरत-शक्ल, तमीज़ और स्वभाव में भी बहुत मिलते-जुलते हैं। और यही मुझे इस निष्कर्ष पर पहुँचाता है कि मेरे पति के अत्यन्त

प्रिय मित्र ऐन्टोनियो भी उन्हीं के समान उदात्त भाव वाले और योग्य होंगे। यदि यह सत्य है तो मैंने पति के एक मित्र की रक्षा में बहुत कम गँवाया है। लेकिन मुझे डर है कि कहीं मैं खुद ही तो अपनी तारीफ नहीं कर रही हूँ, इसलिए इस बारे में तो मैं बोलूंगी ही नहीं। देखो लौरेन्जो! जब तक बैसैनियो नहीं लौटते तब तक तुम ही इस घर की देखभाल करना। जहाँ तक मेरा सवाल है मैंने यह व्रत लिया है कि नैरिसा के साथ तब तक चिन्तन और प्रार्थनाओं में समय निकालूँगी जब तक बैसैनियो और ग्रेशियानो लौटकर नहीं आ जाते। यहाँ से दो मील दूर पर एक गिरजा है, हम वहीं रहेंगी। मैं प्रार्थना करती हूँ कि आप यह कर्त्तव्य सम्भालें और परिस्थितिवश ही आपके प्रति जो मेरा स्नेह है, आपसे यह अनुरोध कर रहा है।

लौरेन्जो : श्रीमती ? मैं सहर्ष यह कार्य करूँगा और आपकी दयालु आज्ञा का पालन करूँगा।

पोर्शिया : मैंने इसके बारे में अपने सेवकों को आदेश भी दे दिए हैं और वे आपको और जैसिका को स्वामी-स्वामिनी के रूप में ही देखेंगे, जब तक मैं और बैसैनियो लौट नहीं आते। अच्छा तो विदा! फिर मिलेंगे।

लौरेन्जो : ईश्वर करे आपका समय सुख से बीते।

जैसिका : आपकी मनोकामनाएँ पूर्ण हों!

पोर्शिया : मैं आपको इस वाञ्छा के लिए धन्यवाद देती हूँ और चाहती हूँ कि यही आपको भी मिले। अच्छा जैसिका! विदा! (*जैसिका और लौरेन्जो का प्रस्थान*) हाँ, बॉलथाज़र! मैंने तुम्हें हमेशा ईमानदार और सच्चा ही पाया है, और आशा है आगे भी ऐसा ही पाऊँगी। यह पत्र लो और जितना शीघ्र जा सको मेरे भाई डॉक्टर बलारियो के पास चले जाओ और जो भी वस्त्र और कागज़ वे दें उन्हें लेकर शीघ्रातिशीघ्र चले आओ और वह है न नावों का घाट, जहाँ वेनिस से यहाँ तक आने-जाने वाली नावें इकट्ठी होती हैं, वहीं तुरन्त आ जाओ। बातों में समय नष्ट न करना। फौरन जाओ! मैं तुमसे पहले

ही घाट पर पहुँच जाऊँगी।

बॉलथज़ार : श्रीमती! जितनी जल्दी जा सकूँगा जाऊँगा।

[प्रस्थान]

पोर्शिया : चलो नैरिसा! मेरे दिमाग में कुछ योजना है और अभी तक मैंने तुम्हें उसके बारे में कुछ भी नहीं बताया है। हम अपने पतियों के पास कहीं पहले पहुँच जाएँगी—इतने पहले कि हमारी उपस्थिति वे उतनी शीघ्र सोचते भी न होंगे।

नैरिसा : लेकिन क्या वे हमारी उपस्थिति को वहाँ जान भी नहीं पाएँगे ?

पोर्शिया : हाँ! वे हमें जिन वस्त्रों में देखेंगे उनसे वे हमें स्त्री नहीं, पुरुष समझेंगे। जब हम दोनों दो नवयुवक बनेंगे, मैं शर्त बदकर कह सकती हूँ कि मैं ही अधिक फुर्तीली लगूँगी और मैं ही बड़े ज़ोर से कटार भी लगाऊँगी। लड़कपन से जवानी में पाँव रखने वाले तरुण के नये-नये ही भारी होते स्वर में मैं बात करूँगी। ऐसे मर्दाने लम्बे कदम रखकर चलूँगी कि औरतों के तो दो कदम समा जाएँगे एक में! लड़ाई, झगड़ों, द्वंद्वों की तो बढ़-बढ़कर बातें करूँगी और उच्च कुल की स्त्रियों ने किस प्रकार मेरा प्रेम जीतने का प्रयत्न किया इसके बारे में तरह-तरह के झूठे प्रेम के किस्से गढ़-गढ़कर सुनाऊँगी कि मैंने उनके प्रेम को ठुकरा दिया और वे बीमार पड़कर मर गईं और तब मैं कुछ नहीं कर सका। फिर मैं शोक करूँगी कि कहीं अच्छा होता अगर मैं उनकी मृत्यु का कारण नहीं बनता। ऐसी ही छोटे-मोटे बीसियों झूठ बोलूँगी कि जो सुनेंगे वे समझेंगे कि हाल ही में स्कूल से निकला हुआ कोई लड़का है। मैं ऐसे अक्खड़ स्कूल के लड़कों की हज़ारों चालबाज़ियाँ जानती हूँ और देख लेना उन्हीं को वहाँ दिखाऊँगी। अब चलो। मैं तुम्हें गाड़ी में अपनी पूरी योजना सुनाऊँगी। गाड़ी बाग के दरवाज़े पर हमारा इन्तज़ार कर रही है। अब जल्दी करो, क्योंकि हमें दिन में बीस-बीस मील तक का सफ़र हर रोज़ तय करना है।

[प्रस्थान]

दृश्य 5

[वही : बाग]
[लॉन्सलौट और जैसिका का प्रवेश]

लॉन्सलौट : हाँ, आपको यह ध्यान में रखना चाहिए कि माँ-बाप के पाप सन्तान पर ही उतरते हैं। मुझे डर है कि कहीं अपने कुटिल पिता के कारण आप पर आँच न आए, मैं सदैव आपसे बहुत स्पष्टवादी रहा हूँ और अब भी वैसे ही बातें कर रहा हूँ। साहस रखिए, क्योंकि मुझे लगता है कि आप पर सदा के लिए विनाश बरसने वाला है।

जैसिका : किन्तु मैं अपने पति द्वारा बचा ली जाऊँगी, जिन्होंने मुझे ईसाई बना लिया है।

लॉन्सलौट : हाँ-हाँ, तुम्हें ईसाई बनाने के कारण तो उन पर भी अभियोग लगेगा। हम पहले ही काफ़ी ईसाई थे, इतने कि काफ़ी खुशी से मिल-जुलकर रह सकते थे। अगर इस तेज़ी से लोग ईसाई बनाए गए तो मुझे विश्वास है कि सूअर के गोश्त की कीमत चढ़ जाएगी और अगर सब ईसाई सूअर का मांस खाने लगे तो कुछ दिन बाद किसी भी कीमत पर सूअर का मांस तो मिलना ही बन्द हो जाएगा।

जैसिका : मैं अपने पति को इसकी सूचना दूँगी लॉन्सलौट! क्या कहते हो! वे आ रहे हैं।

[लौरेन्जो का प्रवेश]

लौरेन्जो : अगर तुम इसी तरह मेरी पत्नी से एकान्त में बातें करते रहे लॉन्सलौट! तो मुझे तुमसे ईर्ष्या होने लगेगी।

जैसिका : नहीं लौरेन्जो! तुम्हें किसी डर की ज़रूरत नहीं। हम तो झगड़ रहे हैं। यह मुझे साफ़-साफ़ कहता है कि मेरे लिए ईश्वर की ओर

से कोई दया नहीं है, क्योंकि मैं यहूदी की बेटी हूँ। और यह कहता है कि तुम ईसाई बिरादरी के अच्छे सदस्य नहीं हो, क्योंकि तुम यहूदियों को ईसाई बनाकर सूअर के गोश्त की कीमत चढ़ा रहे हो!

लौरेन्जो : (*लॉन्सलौट से*) चलो भीतर जाकर कहो, खाने की तैयारी करें।

लॉन्सलौट : वह तो तैयार है श्रीमान्! उन सबके अपने पेट हैं।

लौरेन्जो : कैसा बातूनी आदमी है! जाओ खाना तैयार करने को कहो।

लॉन्सलौट : वह भी हो गया श्रीमान्! केवल ढकने[1] की कसर है।

लौरेन्जो : तो जाके ढको न!

लॉन्सलौट : नहीं श्रीमान्! मैं तो अपना काम जानता हूँ ऐसी गलती कैसे करूँ।

लौरेन्जो : अब बक-बक बन्द करो। अपनी सारी अक्ल का पिटारा क्या इसी वक्त खोल दोगे? मेरे लफ़्ज़ों का सीधा-सादा मतलब निकालो! अपने साथी नौकरों में जाओ और उनसे कहो कि मेज़ बिछा दें, दस्तरखानों से ढक दें और गोश्त परोसें, हम खाने आते हैं।

लॉन्सलौट : अच्छा सरकार! मेज़ लग जाएगी और गोश्त ढक जाएगा, लेकिन खाने आना तो आपकी मर्ज़ी और शौक पर ही निर्भर है।

[प्रस्थान]

लौरेन्जो : कैसी लफ़्फ़ाज़ी है! लफ़्ज़ों से खेलता है। इसके दिमाग में बड़े-बड़े शब्द भरे हुए हैं। और मैं कई बेवकूफों को जानता हूँ जो जीवन में इससे कहीं ऊँचे पदों पर आसीन हैं, वे भी बहुत शब्द जानते हैं किन्तु नहीं जानते कि उनका प्रयोग कैसे करें। कहो प्रिये जैसिका! क्या हाल है? बैसैनियो की पत्नी तुम्हें कैसी लगी?

---

1. अंग्रेज़ी में Cover शब्द है। पहले अर्थ में दस्तरखान से ढकना है। दूसरे अर्थ में भी वही है किन्तु तीसरे स्थान पर लॉन्सलौट Cover का अर्थ अपना टोप लगाने से लेता है। यूरोप में नौकर मालिक के सामने सिर नहीं ढकते, वह मालिक की बेइज्ज़ती समझी जाती है। शेक्सपियर ने दो अर्थ का शब्द प्रयोग किया है, जिसका हिन्दी में पर्याय नहीं मिलता।

जैसिका : उसकी प्रशंसा करने को मेरे पास समर्थ शब्द नहीं हैं। यह तो उचित ही है कि श्रीमान् बैसेनियो अब कायदे की ज़िन्दगी बिताएँ। उन्हें तो पोर्शिया जैसा रत्न मिलने पर यह पृथ्वी स्वर्ग का-सा आनन्द देगी। यदि वे इस पृथ्वी पर अब भलमनसाहत से नहीं रह सकते, तो बहुत मुमकिन है कि उन्हें स्वर्ग में भी जगह न मिले। यदि दो देवता इस पृथ्वी की दो देवियों के लिए प्रतिद्वन्द्विता में पड़ जाएँ और पोर्शिया उन दो स्त्रियों में से एक हो तो उस दूसरी स्त्री में अवश्य कुछ जोड़ना पड़े ताकि वह पोर्शिया की बराबरी में खड़ी हो सके, क्योंकि पोर्शिया की बराबरी तो कोई स्त्री कर ही नहीं सकती।

लौरेन्जो : जिस प्रकार पोर्शिया अपनी सानी नहीं रखने वाली पत्नी है, उसी प्रकार मुझमें भी तुम्हें एक लासानी पति मिला है।

जैसिका : ज़रा ठहरो! पहले अपने बारे में मेरी राय तो सुन लो।

लौरेन्जो : ज़रूर सुनूँगा, पहले खाने तो चलो।

जैसिका : नहीं, इस वक्त मैं प्रसन्न हूँ, इसीलिए मुझे ज़रा तुम्हारी प्रशंसा कर लेने दो!

लौरेन्जो : नहीं, अभी नहीं। खाते वक्त कह लेना, तब जो भी तुम कहोगी, और चीज़ों के साथ मैं उसे भी पचा पाऊँगा।

जैसिका : अच्छी बात है। मैं वहीं तुम्हारी तारीफ़ करूँगी।

[प्रस्थान]

चौथा अंक

दृश्य 1

[वेनिस : न्यायालय]

[ड्यूक, वेनिस के राजकुलीन व्यक्ति, बैसैनियो, ग्रेशियानो और सैलैनियो तथा अन्यों का प्रवेश]

ड्यूक : क्या ऐन्टोनियो यहाँ उपस्थित है ?

ऐन्टोनियो : जी हाँ महानुभाव !

ड्यूक : मुझे तुम्हारे लिए खेद है, तुम एक पाषाणहृदय वादी का उत्तर देने आए हो जो कि अमानुषिक अधम है, जो दयाहीन है और जिसमें करुणा की एक बूँद भी शेष नहीं है।

ऐन्टोनियो : मैंने महानुभाव के उन प्रयत्लों के विषय में सुन लिया है जिनसे आपने उसके हृदय की कठोरता को कम करने की चेष्टा की है। क्योंकि वह अडिग हो रहा है, और उसकी घृणा से मुझे क़ानून नहीं बचा सकता, मैंने उसके क्रोध के सामने समर्पण करना स्वीकार कर लिया है और अब मैं धैर्य के कवच से उसकी कठोरता, अत्याचार और क्रोध को सहन करूँगा।

ड्यूक : कोई जाओ और यहूदी को न्यायालय में बुलाओ।

ऐन्टोनियो : वह द्वार पर ही खड़ा है। लीजिए श्रीमान! वह आ गया।

[शाइलॉक का प्रवेश]

ड्यूक : रास्ता छोड़ो ! शाइलॉक को हमारे सामने खड़ा होने दो। शाइलॉक ! संसार समझता है, और मैं भी समझता हूँ कि तुम केवल अन्तिम क्षण तक अपनी निष्ठुरता का इस प्रकार प्रदर्शन कर रहे हो, और

अंत में करुणा और दया तुम्हारे हृदय में उत्पन्न होंगी और तुम्हारे घृणा-प्रदर्शन से भी अधिक आकर्षक बन जाएँगी। हमें आशा है कि अन्त में न केवल तुम इस अभागे व्यापारी के शरीर से अपनी आधा सेर मांस की माँग को छोड़ दोगे, वरन करुणा और दया की भावना से उद्वेलित होकर, ऐन्टोनियो को दिए मूलधन में से कुछ क्षमा कर दोगे। हमें निश्चय है कि तुम ऐन्टोनियो से सहानुभूति जताओगे क्योंकि उसने भारी हानि सही है एक के बाद दूसरी विपत्ति उसे दबाती चली गई है। यद्यपि एक समय व्यापारियों में वह राजकुमार था, किन्तु इस समय वह बिलकुल बरबाद हो चुका है, और अब उसकी हालत ऐसी है कि अत्यन्त कठोर और पाषाणहृदय तथा निष्ठुरहृदय भी उसे देखकर पसीज उठे; यहाँ तक कि हठी तुर्क और तातार जो किसी के प्रति दया नहीं दिखाते, वे भी इसे देखकर विचलित हो सकते हैं। हम तुमसे सहानुभूतिपूर्ण शब्द सुनने की आशा करते हैं शाइलॉक!

शाइलॉक : मैं जो चाहता हूँ वह महानुभाव की सेवा में पहले ही निवेदन कर चुका हूँ। मैंने अपने पवित्र रविवार[1] की सौगन्ध खाई है कि इस शर्तनामे के हिसाब से जो मुझे मिलना है, उसे पूरी तरह से वसूल करूँगा। यदि आप मेरी क़ानूनी माँग को ठुकराते हैं तो आप अपने नगर के न्याय, क़ानून और नागरिक स्वतन्त्रता के अधिकारों को ही ठुकराते हैं। आप मुझसे पूछते हैं कि मैं बेकार के गोश्त में से आधा सेर क्यों लेना चाहता हूँ, तीन हज़ार ड्यूकैट क्यों नहीं ले लेता? मैं इस प्रश्न का उत्तर देने को तैयार नहीं हूँ। मैं तो कहता हूँ कि यह मेरी तबीयत है। मान लीजिए कि मेरे घर में चूहों की बहुतायत है और मैं उन्हें मरवाने को दस हज़ार ड्यूकैट खर्च करना चाहता हूँ, इससे किसी को मतलब क्या? क्या इस उत्तर से आपका काम चलता है? कुछ लोग पतली आवाज़ में बोलता सूअर पसन्द नहीं करते। कुछ तो बिल्ली देखकर पागल हो उठते हैं और कुछ

---

1. यहूदियों में रविवार को काम भी नहीं करते...वह पवित्र दिन माना जाता है।

हैं जो धौंकनी की आवाज़ भी नहीं सुन सकते। मनुष्य सदैव ही तर्क और विवेक से वस्तुओं को पसन्द-नापसन्द नहीं करता बल्कि वह भावों से परिचालित होता है, जो उसे नचाते हैं। कोई नहीं बता सकता कि क्यों किसी को सूअर का पुकारना बुरा लगा है, क्यों दूसरे को एक मासूम बिल्ली को देखकर पागल होने की धुन समाती है और क्यों कोई और आदमी धौंकनी के ऊनी कपड़े में लिपटे बाजे को नहीं चाहता। मामूली बातों से चिढ़कर वे ऐसे विरोधी भावों की अभिव्यक्ति करते हैं, जो समझाई नहीं जा सकती। इसी प्रकार मैं भी नहीं बता सकता कि ऐन्टोनियो के प्रति मेरे हृदय में इतनी घृणा क्यों है और इसीलिए शर्तनामे के पूरे न होने के कारण मैं उसका दण्ड माँग रहा हूँ, हालाँकि इसमें मेरी 3000 ड्यूकैट की हानि है! क्या यह उत्तर आपको सन्तोष देता है।

बैसैनियो : ओ निष्ठुरहृदय यहूदी! यह तो अपनी निर्दयता को न्याय बनाने का कोई तर्क नहीं है।

शाइलॉक : मैं तुम्हें उत्तर देकर सन्तुष्ट करने को बाध्य नहीं हूँ।

बैसैनियो : क्या सब मनुष्य उस सबको मार डालने की इच्छा करते हैं जिसे वे नहीं चाहते ?

शाइलॉक : अगर एक आदमी किसी चीज़ से नफ़रत करता है तो क्या यह उसको बरबाद कर देना नहीं चाहता ?

बैसैनियो : विरोध की प्रत्येक भावना तुरन्त ही ऐसी घोर घृणा की मंज़िल पर नहीं पहुँच जाती।

शाइलॉक : क्या तुम एक ही साँप को अपने को दो बार डस लेने दोगे ?

ऐन्टोनियो : बैसैनियो! कृपया यह याद रखें कि आप शाइलॉक से तर्क कर रहे हैं। आप समुद्र-तीर पर खड़े होकर उत्ताल तरंगों को आज्ञा दे सकते हैं कि लहरें अपनी गति की ऊर्ध्व सीमा तक नहीं जाएँ, आप एक भेड़िये से पूछ सकते हैं कि वह मेमने को क्यों खा गया, आप पर्वत पर उगे चीड़ के वृक्षों को आज्ञा दे सकते हैं कि वे तूफ़ान के झकोरों में भी मर्मर न करें, आप ऐसे और असम्भव कार्य भी

कर सकते हैं, किन्तु इस आक्रोशग्रस्त व्यक्ति के यहूदी-हृदय को नर्म करने में सफलता नहीं प्राप्त कर सकते। इसलिए मैं आपसे अनुनय करता हूँ कि आप इसका हृदय परिवर्तित करने की व्यर्थ चेष्टा न करें। मेरे विरुद्ध आदेश निकलने दीजिए, ऐसी स्पष्ट और मुखर घोषणा, जो न्याय के अनुसार उचित हो और यहूदी की इच्छा को पूर्ण करे।

बैसैनियो : शाइलॉक? मैं तुम्हारे 3000 सिक्कों के स्थान पर तुम्हें 6000 सिक्के देने को तत्पर हूँ।

शाइलॉक : तीन हज़ार सिक्के नहीं, अगर तुम 36000 सिक्के भी दो, तो भी मैं लेने को तैयार नहीं हूँ। मुझे अपने शर्तनामे की सज़ा चाहिए और मैं कुछ नहीं चाहता।

ड्यूक : जब तुम स्वयं दूसरों के प्रति दयाविहीन हो, तब स्वयं परमात्मा से दया की क्षमा कैसे कर सकते हो?

शाइलॉक : परमात्मा के किस न्याय से भयभीत होऊँ मैं? मैंने क्या पाप किया है? तुममें से कितनों ही ने गुलाम खरीद रखे हैं। और तुम उनसे नीचे से नीचे दर्जे का काम भी लेते हो। तुम उन्हें अपने गधों, कुत्तों और खच्चरों की तरह गुलामी के कारण काम में लाते हो। क्यों? सिर्फ़ इसलिए कि तुमने उन्हें खरीदा है। क्या मैं कहूँ कि तुम उन्हें छोड़ दो? उन्हें आज़ाद कर दो? अपने उत्तराधिकारियों से उनका विवाह कर दो? तुम्हारे बोझों के नीचे उनका पसीना क्यों बहे? क्यों न उनके बिस्तर भी तुम्हारे बिस्तरों की तरह गुदगुदे और मुलायम हों? तुम्हारे स्वादिष्ट भोजनों से उनके भी हलक तर क्यों नहीं रहें? तुम कहोगे—गुलाम हमारे हैं। और यही मेरा भी जवाब है। मैं जो इसका आधा सेर गोश्त माँगता हूँ, यह भी मैंने बहुत बड़ी कीमत पर खरीदा है। यह मेरा है और मैं लेकर रहूँगा। अगर आप मुझसे इनकार करते हैं, तो आपके न्याय को धिक्कार है! वेनिस के कानून में असलियत नहीं, वे लागू भी नहीं होते! मैं इन्साफ के लिए खड़ा हूँ! जवाब दीजिए! जो मैं माँग रहा हूँ वह मुझे मिलेगा?

ड्यूक : अपने में निहित अधिकारों के अनुसार मैं इस कचहरी को बर्खास्त कर दूँगा यदि योग्य वकील डॉक्टर बैलारियो आज नहीं आ जाते। मैंने उन्हें इस मामले में राय देने को बुलवाया है।

सैलैरिनो : आदरणीय! योग्य वकील के कुछ पत्र लेकर एक दूत अभी पदुआ से आया है, वह बाहर प्रतीक्षा कर रहा है।

ड्यूक : दूत को आने दो और पत्रों को मेरे पास भेजो।

बैसैनियो : निराश न हो ऐन्टोनियो! अरे पुरुष हो! धैर्य छोड़ते हो? चिन्ता मत करो! तुम्हारे रक्त की एक बूँद गिरने से पहले ही इस यहूदी को मैं अपना मांस हड्डी और रक्त सब सौंप दूँगा।

ऐन्टोनियो : मैं गले की एक बीमार भेड़ की तरह हूँ और मैं ही मरने के सबसे अधिक योग्य हूँ। कमज़ोर फल ही सबसे पहले धरती पर गिर जाता है। जितनी जल्दी हो सके मुझे ही मरने दो। बैसेनियो! तुम्हारे लिए ज़िन्दा रहना ही ज़्यादा अच्छा है ताकि मेरी कब्र पर अन्तिम बात लिख सको!

[नैरिसा का एक वकील के क्लर्क के पुरुष-वेष में प्रवेश]

ड्यूक : क्या तुम पदुआ से डॉक्टर बैलारियो के पास से आ रहे हो?

नैरिसा : जी श्रीमान्! मैं पदुआ से डॉक्टर बैलारियो के पास से ही आ रहा हूँ। उन्होंने आपको प्रणाम कहा है।

[पत्र देता है]

बैसैनियो : शाइलॉक! तुम इतने मनोयोग और आतुरता से अपना चाकू क्यों तेज़ कर रहे हो?

शाइलॉक : उस दिवालिए से ज़मानत चुकाने के लिए।

ग्रेशियानो : तुम अपनी एड़ी पर नहीं, आत्मा पर ओ निर्मम यहूदी! अपने चाकू को पैना कर रहे हो! किन्तु कोई भी धातु, यहाँ तक कि बधिक का परशु भी तुम्हारी घृणा की धार की आधी तेज़ी भी अपने में नहीं ला सकता। क्या कोई भी याचना तुम्हारे हृदय में अपना पथ नहीं बनाती?

शाइलॉक : तुम सोच सको ऐसी तो मुझे कोई नज़र ही नहीं आती।

ग्रेशियानो : तुम्हारा सर्वनाश हो! ओ हृदयहीन कुत्ते! जो न्याय तुम्हें जीवित रहने का अधिकार देता है, वह न्याय नहीं स्वयं वही अन्याय है। तुम्हारा जीवन और तुम्हारा चरित्र देखकर मेरा विश्वास ईसाई धर्म से डिगा जाता है।[1] बल्कि मुझे तो उस प्राचीन यूनानी दार्शनिक पाइथागोरस का सिद्धान्त ही ठीक लगता है कि मनुष्य की देह में पशुओं की आत्मा भी अपना जन्म लेती है। तुम्हारी घृणा–भरी आत्मा पहले अवश्य किसी भेड़िए में रह चुकी है। और जब मनुष्य को मारने के कारण वह भेड़िया वध्यस्थान में था, वह निर्दय आत्मा उसमें से भाग निकली और तुम्हारे शरीर में घुस गई, उसी समय जबकि तुम अपनी माता के गर्भ में सो रहे थे। तुम्हारी इच्छाएँ भयानक, बीभत्स, निर्मम, क्रूर और भेड़िए की भाँति हिंस्र हैं।

शाइलॉक : जब तक तुम शर्तनामे की मोहर नहीं हटा सकते, तुम इतना चिल्लाकर बेकार अपने फेफड़ों को दुखा रहे हो नौजवान! होश में आओ! वरना फिर तुम्हारे इस दिमाग का कोई इलाज भी नहीं हो पाएगा। मैं यहाँ इन्साफ के लिए खड़ा हूँ।

ड्यूक : बैलारियो का पत्र एक तरुण और अति विद्वान् डॉक्टर को हमारे न्यायालय में भेजता है। वह कहाँ है?

नैरिसा : वे निकट ही हैं। वे इसी को जानना चाहते हैं कि आप उन्हें भीतर घुसने की आज्ञा भी देंगे या नहीं?

ड्यूक : अवश्य! सहर्ष! तुममें से तीन-चार आदमी बाहर जाओ और उन्हें न्यायालय में ससम्मान ले आओ। तब तक न्यायालय में बैलारियो का पत्र पढ़ा जाए।

क्लर्क : (*पढ़ता है।*) श्रीमन्त से सविनय निवेदन है कि आपका पत्र प्राप्त हुआ। इस समय मैं बहुत अस्वस्थ हूँ। किन्तु जिस समय आपका दूत आया है, उस समय ही रोम से एक तरुण डॉक्टर मित्र मुझसे मिलने आए हुए हैं। उनका नाम बॉलथज़ार है। मैंने उन्हें यहूदी

---

1. ईसाई पुनर्जन्म नहीं मानते।

और व्यापारी ऐन्टोनियो के झगड़े के बारे में बताया। हमने साथ-साथ कई किताबें देखीं। उन्हें मैंने अपनी राय बताई है और फिर उनकी अपनी विद्वत्ता है, जो उस पर सान चढ़ा देगी। उनके ज्ञान की महानता के बारे में क्या कहूँ? मेरी प्रार्थना पर वे श्रीमान् के यहाँ मेरा स्थान भरने के लिए आ रहे हैं। मैं आपसे प्रार्थना करता हूँ कि उनकी आयु को कम समझने के कारण कहीं ऐसा न हो कि उनके सम्मान में किसी प्रकार की त्रुटि हो जाए। मैंने तो इतनी कम आयु में कहीं इतनी विद्वत्ता नहीं देखी। मैं श्रीमान से निवेदन करता हूँ कि उन्हें स्वीकार करें और फिर वे स्वयं ही जो कुछ करेंगे, उसी से उनकी वास्तविकता प्रकट हो जाएगी। मैं और क्या कहूँ?

इ्यूक : आप सबने डॉक्टर बैलारियो का पत्र सुन लिया है। और मैं समझता हूँ कि डॉक्टर आ गए हैं।

[पोर्शिया का न्याय के डॉक्टर-वकील के रूप में पुरुष-वेश में प्रवेश]

इ्यूक : इधर आइए। आइए हाथ मिलाएँ। क्या आप ही वृद्ध बैलारियो की ओर से आए हैं।

पोर्शिया : जी हाँ श्रीमन्त!

इ्यूक : आपका हार्दिक स्वागत है। कृपया बैठिए। मैं समझता हूँ कि आज हमें जिस झगड़े का इन्साफ करना है उससे आप पूरी वाकफियत रखते हैं?

पोर्शिया : हाँ श्रीमन्त! मुझे पूरा मामला मालूम है। कौन-सा व्यक्ति ऐन्टोनियो है, और शाइलॉक कौन है?

इ्यूक : ऐन्टोनियो और शाइलॉक ज़रा आगे बढ़ आएँ।

पोर्शिया : क्या तुम्हारा नाम शाइलॉक है?

शाइलॉक : हाँ, मेरा नाम शाइलॉक है।

पोर्शिया : तुम एक बहुत अस्वाभाविक मांग प्रस्तुत कर रहे हो शाइलॉक! किन्तु वह कानून के हिसाब से उचित है। अगर तुम डटे रहोगे तो वेनिस का कानून उसे रोक नहीं सकता। (*ऐन्टोनियो से*) तुम इसके

अधिकार में हो और यह तुम्हारी हानि कर सकता है। यही बात है न?

ऐन्टोनियो : ये यही कहते हैं।

पोर्शिया : तुम शर्तनामे को मंजूर करते हो?

ऐन्टोनियो : करता हूँ।

पोर्शिया : तब तो यहूदी को ही दयावान होना पड़ेगा।

शाइलॉक : मुझ पर ऐसा क्या दबाव है? ज़रा मैं भी तो सुनूँ!

पोर्शिया : करुणा एक ऐसा गुण है जिसका प्रयोग बल के द्वारा नहीं हो सकता। वह तो मनुष्य के हृदय में वैसे ही जागृत होती है, जैसे आकाश के मेघों से रस द्रवित होता है। करुणा तो दोनों पक्षों के लिए श्रेयस्कर है। जो करता है वह भी श्रेष्ठ है, जो पाता है वह तो उसका फल प्राप्त करता ही है। करुणा सशक्तों में भी सशक्त है, उससे महती कोई शक्ति नहीं। सिंहासनस्थ सम्राट् के राजमुकुट से वह ज्योति विकीर्ण नहीं होती, जो उनकी करुणा से होती है। राजदण्ड तो पार्थिव शक्ति का प्रतीक है, उससे वैभव और आतंक प्रदर्शित होता है, उससे शक्ति और बल का भय प्रकट होता है; सम्राटों के हृदय में वास करती है, वह तो एक दैवी शक्ति है, ईश्वरीय गुण है। यही पार्थिव शक्तियाँ उस समय दैवी बन जाती हैं जब न्याय का संचालन करुणा करती है। इसलिए यहूदी! न्याय भले ही तुम्हारी माँग हो, तनिक इस पर भी विचार करो। न्यायमात्र में आत्मा की मुक्ति का कोई पथ नहीं है। हम करुणा की भीख माँगते हैं। और वही प्रार्थना हमें अन्यों के प्रति दयापूर्ण व्यवहार करने की प्रेरणा देती है। तुम्हारी माँग के न्याय को तनिक विनम्र करने के लिए मैंने काफ़ी कह दिया। किन्तु यदि तुम उस पर अड़े रहोगे, तो न्याय के लिए ही खड़ा यह न्यायालय अवश्य ही ऐन्टोनियो को दण्डित करने को बाध्य हो जाएगा।

शाइलॉक : जो कुछ मेरे कर्म है उनका फल मुझे ही मिले! मैं तो न्याय चाहता हूँ, मेरा शर्तनामा! मेरी शर्तें! मेरा न्याय! वही दण्ड! बस!

पोर्शिया : क्या ऐन्टोनियो कर्ज़ नहीं चुका सकता।

बैसैनियो : जी हाँ, चुका सकता है। मैं न्यायालय में उसकी ओर से रुपया देने को तैयार हूँ। यदि वह भी काफ़ी नहीं है तो मैं दस गुना भरने को तत्पर हूँ। मैं दुगुना देने को तैयार हूँ। यदि ऐसा न कर सकूँ तो शाइलॉक मेरे हाथ, पाँव, सिर, सब ले ले। यदि यह भी शाइलॉक को स्वीकृत नहीं है तो यह स्पष्ट हो जाता है कि प्रतिहिंसा सत्य पर छा गई है। मैं अनुनय करता हूँ कि एक बार अपने अधिकार से कानून बदल दें; एक महान् औचित्य के लिए एक लघु अनौचित्य भी करें, ताकि इस निर्दय शैतान की कुटिल कामना पूर्ण नहीं हो।

पोर्शिया : यह नहीं हो सकता। वेनिस में ऐसी कोई शक्ति नहीं जो कि स्थापित नियम को उलट सके। यह तो एक बुरा उदाहरण प्रस्तुत करने वाली बात है और एक गलती के सहारे न जाने कितनी बुराइयाँ राज्य के कार्य में घुस जाएँगी। यह नहीं हो सकता।

शाइलॉक : अरे न्याय करने आज तो डैनियल[1] आ गया! धर्मराज डैनियल आ गया!

ओ बुद्धिमान तरुण न्यायकर्त्ता! मैं तुम्हारा कितना सम्मान करता हूँ!!

पोर्शिया : ज़रा मेहरबानी करके मुझे शर्तनामा तो दिखाएँ।

शाइलॉक : ओ परम बुद्धिमान डॉक्टर! यह लीजिए! यह लीजिए!

पोर्शिया : शाइलॉक! तुम्हारे दिए हुए धन से तिगुना दिया जा रहा है।

शाइलॉक : सौगन्ध है, सौगन्ध है, मैंने भी परमात्मा से एक सौगन्ध खाई है। क्या मैं अपनी आत्मा पर शपथ भंग करने का पाप डालूँ? नहीं! सारा वेनिस मुझे मिल जाए तब भी नहीं!

पोर्शिया : तब यह साफ़ कहा जा सकता है कि शर्तनामा पूरा नहीं हुआ और इसमें लिखी शर्त के मुताबिक शाइलॉक पूरी सज़ा देने का

---

1. डैनियल—यहूदी कथाओं में निरासक्त सर्वश्रेष्ठ न्यायकर्ता।

अख्तियार रखता है। इसलिए यहूदी को आधा सेर गोश्त निकाल लेने का पूरा हक है—वह ऐन्टोनियो के शरीर से उसके हृदय के पास से कहीं से भी गोश्त निकाल सकता है। मैं तुम्हारे सामने प्रार्थना लिए खड़ा हूँ शाइलॉक! फिर सोच लो! तिगुना धन ले लो और मुझे शर्तनामा रद्द करने की इजाज़त दो!

शाइलॉक : शर्तनामे में लिखी शर्त के मुताबिक शर्त पूरी हो जाने दीजिए, तब आप खुद इसे रद्द कर दीजिए। मुझे विश्वास है, आप एक अच्छे न्यायकर्त्ता हैं। आप तो न्याय के ज्ञाता हैं और आपकी न्याय की व्याख्या तो नितान्त उचित और उत्तम है। मैं विनय करता हूँ कि आप अपना फैसला सुना दें, उस कानून के नाम पर जिसकी आप इज़्ज़त करते हैं, दुहाई देते हैं। मैं अपनी आत्मा की सौगन्ध खाकर कहता हूँ कि कोई भी सुन्दर वक्तृता या कोई भी करुणतम याचना मेरे दृढ़ निश्चय को बदल नहीं सकती। मैं इसी पर ज़ोर देता हूँ कि शर्तनामे की शर्त ही पूरी हो।

ऐन्टोनियो : मैं भी न्यायाध्यक्ष से प्रार्थना करता हूँ कि अब दण्ड सुना दिया जाए।

पोर्शिया : तब तो फिर ठीक है। उसके चाकू के लिए अपनी छाती को तैयार कर लो।

शाइलॉक : आह महान् न्यायी! ओ सर्वश्रेष्ठ तरुण!

पोर्शिया : जिस कानून का ऐसे सवाल से ताल्लुक है वह इस सज़ा के बिलकुल माकूल है और शाइलॉक ऐन्टोनियो से पूरी तरह जुर्माना वसूल कर सकता है।

शाइलॉक : ओ परम विद्वान् न्यायी! ओ अविचलित महान् व्यक्ति! आप बिलकुल ठीक हैं। श्रीमान् आप अपनी आयु से कहीं अधिक बुद्धिमान हैं!

पोर्शिया : इसलिए अपना सीना खोल दो।

शाइलॉक : हाँ, ठीक कहते हो। पर क्या तुम्हारे पास गोश्त तोलने के लिए तराजू भी है?

शाइलॉक : बिलकुल तैयार है।

पोर्शिया : शाइलॉक! एक डॉक्टर को अपने खर्चे से ऐन्टोनियो के पास खड़ा करो, कहीं ऐसा न हो कि उसका ज़रूरत से ज़्यादा खून बह जाने से वह मर ही जाए।

शाइलॉक : लेकिन यह तो शर्तनामे में नहीं लिखा!

पोर्शिया : हाँ, ऐसा नहीं लिखा है। लेकिन उससे क्या! इतनी दया करोगे तो तुम्हारे लिए अच्छी ही है।

शाइलॉक : मैं ऐसा नहीं कर सकता। यह शर्तनामे में नहीं लिखा है।

पोर्शिया : ऐन्टोनियो! क्या तुम कुछ कहना चाहते हो ?

ऐन्टोनियो : मैं अधिक कुछ नहीं कहना चाहता। मैं तो मौत का सामना करने को तैयार हूँ। आओ बैसैनियो! विदा। इस बात का दुःख न करना कि तुम्हारे कारण मुझे ऐसी परिस्थिति में पड़ना पड़ा कि अन्त में मुझे जान से हाथ धोना पड़ गया। साधारणत: अन्यों से भाग्य इतना अनुकूल नहीं रहा, जितना मुझसे। यह तो एक मामूली बात है कि भाग्य अभागे को तो सम्पत्ति-नाश पर भी उबार ले जाता है पर उसे बहुत दिन तक परेशानियों और गरीबी की ज़िन्दगी बिताने पर मजबूर करता है। मुझे तो मौत ऐसी ज़िन्दगी से नज़ात दे देगी। अपनी कुलीन पत्नी को मेरी शुभ कामनाएँ देना और उन परिस्थितियों से अवगत कराना जिनके कारण मुझे मरना पड़ रहा है। उनको बताना कि मेरे-तुम्हारे सम्बन्ध कितने सुदृढ़ थे और मेरी मृत्यु के बाद मेरे बारे में प्रेम-भरे वचन कहना। बैसैनियो! जब तुम मेरी कथा कह चुको तब उनसे पूछना कि क्या उनके पति का एक बहुत प्यारा मित्र नहीं था! इसका खेद न करो कि एक प्रिय मित्र अब सदा के लिए बिछुड़ जाएगा। उसे इसका तनिक भी शोक नहीं कि वह तुम्हारा ऋण चुका रहा है, यदि यहूदी मेरे हृदय के पास से एक मांस-खण्ड काटता है तो मैं सहर्ष इस दण्ड को भुगत लूँगा।

बैसैनियो : ऐन्टोनियो! मेरा ऐसी पत्नी से विवाह हुआ है जो मुझे अपनी

ज़िन्दगी की तरह प्यारी है। किन्तु स्वयं यह जीवन, मेरी पत्नी, और सारा संसार, इनमें से किसी को भी मैं तुम्हारे जीवन से ऊपर नहीं रखता। सच कहता हूँ, इस शैतान से तुम्हें छुड़ाने के लिए मैं सबका बलिदान कर सकता हूँ।

पोर्शिया : तुम्हारी यह बात सुनकर तुम्हारी पत्नी प्रसन्न नहीं होगी।

ग्रेशियानो : मेरी भी एक पत्नी है, जिसे मैं सौगन्ध खाकर कह सकता हूँ, प्रेम करता हूँ। मैं चाहता हूँ कि वह स्वर्ग चली जाए, काश, इस हृदयहीन यहूदी के भीतर दैवीशक्ति से कोई परिवर्तन ला सके।

नैरिसा : अच्छा है, आप अपनी स्त्री की अनुपस्थिति में ऐसी इच्छा कर रहे हैं, वरना अगर वह सुन लेती तो ज़रूर घर में आसमान सिर पर उठा लेती।

शाइलॉक : (*स्वगत*) वह हैं ईसाई जाति के पति, जो अपनी पत्नियों को इतना सस्ता समझते हैं कि अपने स्वार्थों को पूरा करने के लिए उनका बलिदान देने को तत्पर हैं। मेरी भी एक पुत्री है! काश, उसका विवाह भी बैराबैस के वंश में से किसी से होता, न कि ईसाई से। (*प्रकट*) समय नष्ट हो रहा है। न्याय पूर्ण होने दीजिए।

पोर्शिया : इस सौदागर का आधा सेर गोश्त तुम्हारा है, न्यायालय तुम्हें देता है, कानून तुम्हें आज्ञा देता है।

शाइलॉक : अरे न्यायी! अरे महान् न्यायी!

पोर्शिया : और तुम यह गोश्त उसकी छाती से काट सकते हो! न्यायालय तुम्हें देता है, कानून तुम्हें आज्ञा देता है।

शाइलॉक : अरे विद्वान् न्यायकर्ता! क्या दण्ड है! चलो तैयार हो जाओ!

पोर्शिया : थोड़ा ठहरो! कुछ और भी है। लेकिन यह शर्तनामा तुम्हें लोहू की एक बूँद भी नहीं देता। साफ़ अल्फ़ाज़ में लिखा है : 'आधा सेर गोश्त' यह शर्तनामा है, अपना आधा सेर गोश्त निकाल लो। लेकिन अगर काटते वक्त तुमने इस ईसाई के लहू की एक बूँद भी टपका दी, तो तुम्हारे हाथ और सम्पत्ति, वेनिस के कानून के मुताबिक वेनिस राज्य के हाथों ज़ब्त हो जाएँगे।

ग्रेशियानो : अरे श्रेष्ठ न्यायकर्त्ता। यहूदी! देख! क्या विद्वान् न्यायी है!

शाइलॉक : क्या यही कानून है?

पोर्शिया : तुम स्वयं ही कानून देख लो। तुम न्याय पर ज़ोर देते हो, तो विश्वास रखो, न्याय मिलेगा, जितना तुम चाहते हो, उससे भी अधिक।

ग्रेशियानो : ओ परम विद्वान् न्यायकर्त्ता! यहूदी! बोल! ओ परम न्यायी!

शाइलॉक : तब मैं वह शर्त करता हूँ। मुझे तिगुना धन दिला दें। ईसाई को जाने दें।

बैसैनियो : यह रहा धन।

पोर्शिया : ठहरो? यहूदी को न्याय मिलेगा। ठहरो। जल्दी न करो। उसे दण्ड के अतिरिक्त कुछ भी नहीं चाहिए।

ग्रेशियानो : अरे यहूदी! वाह रे न्यायकर्त्ता! परम विद्वान् न्यायकर्त्ता!

पोर्शिया : इसलिए गोश्त काटने को तैयार हो जाओ। किन्तु रक्त न बहाना, न ज्यादा काटना, न कम, सिर्फ़ आधा सेर गोश्त। अगर तनिक भी अधिक या कम काट लिया, चाहे वह कितना ही कम-ज्यादा क्यों न हो कि एक हिस्से का बीसवाँ हिस्सा भी इधर-उधर हो, बल्कि अगर तराजू बाल भर भी झुक गई, तो तुम्हारी मौत है और तुम्हारी सारी सम्पत्ति ज़ब्त कर ली जाएगी।

ग्रेशियानो : दूसरा डैनियल! यहूदी! एक डैनियल आ गया है। अरे विधर्मी, अब तो आखिर पकड़ा गया न?

पोर्शिया : यहूदी क्यों रुकता है? अपनी शर्त पूरी करे!

शाइलॉक : मेरा मूलधन ही दे दो, मुझे जाने दो।

बैसैनियो : यह लो, मेरे पास तैयार है।

पोर्शिया : उसने कचहरी में साफ़ इनकार किया है। उसे केवल न्याय मिलेगा। शर्त पूरी करे।

ग्रेशियानो : डैनियल! फिर कहता हूँ दूसरा डैनियल! मैं तुम्हें धन्यवाद देता हूँ यहूदी! तूने मुझे यह मुहावरा तो सिखा दिया।

शाइलॉक : क्या मुझे केवल मूलधन भी वापस नहीं मिलेगा?

पोर्शिया : केवल शर्त पूरी करने की आज्ञा के अतिरिक्त तुम्हें कुछ भी
नहीं मिलेगा। और तुम अपने ही खतरों पर पूरी कर सकते हो।

शाइलॉक : शैतान की मार! मैं अब यहाँ जिरह करने को नहीं रुकना
चाहता।

पोर्शिया : ठहरो यहूदी! अभी कानून की तुम पर एक और पकड़ है।
वेनिस के कानून में कहा गया है कि यदि यह साबित हो जाए
कि कोई विदेशी सीधे या किसी और तरीके से किसी नागरिक
की जान लेना चाहता है तब जिसके विरुद्ध वह ऐसा करता
है उसे अधिकार है कि वह मारने की कोशिश करने वाले की
आधी सम्पत्ति प्राप्त कर ले। बाकी आधी सरकार के खज़ाने में
जाएगी। मारने वाले का जीवन केवल ड्यूक की दया पर निर्भर
रहता है। यदि ड्यूक न चाहे तो किसी की भी प्रार्थना व्यर्थ है।
तुम इस खतरनाक हालत में हो, क्योंकि यह बिलकुल साफ़ है
कि सीधे भी और हर तरीके से भी तुमने प्रतिवादी की जान लेने
की कोशिश की। इस तरह तुम इस जुर्म के मुजरिम साबित हुए
हो। इसलिए फौरन अपने घुटने टेककर ड्यूक से दया की भीख
माँगो।

ग्रेशियानो : यहूदी? ड्यूक की आज्ञा के लिए प्रार्थना करो कि घर
जाकर फाँसी लगाकर मर सको। तुम तो यह भी नहीं कर सकते।
क्योंकि तुम्हारी सारी जायदाद राज्य ने ज़ब्त कर ली और अब
तुम गले में बाँधने के लिए रस्सी भी कहाँ से लाओगे? रस्सी का
भी खर्चा सरकार को ही करना पड़ेगा।

ड्यूक : अब तुम हमारी आत्मा का भेद देखो! तुम्हारे याचना करने से
पूर्व ही मैं तुम्हें क्षमा करता हूँ, जीवन-दान देता हूँ। तुम्हारी आधी
सम्पत्ति ऐन्टोनियो की है और आधी राज्य की। यदि तुम दीन
पश्चाताप करोगे तो मैं तुम्हारी जायदाद ज़ब्त न करके साधारण
जुर्माना ही कर दूँगा।

पोर्शिया : आप राज्य का भाग छोड़ सकते हैं, ऐन्टोनियो का भाग नहीं।

शाइलॉक : नहीं। मेरा जीवन भी ले लो। जब सब सम्पत्ति ही ले लोगे, तब मेरे जीवित रहने से क्या लाभ? बिना आधार के घर ही कैसे खड़ा रह सकता है? जब मेरे जीवन का ही आधार ले लोगे, तब मैं ही रहकर क्या करूँगा?

पोर्शिया : ऐन्टोनियो! तुम इस पर क्या दया कर सकते हो?

ग्रेशियानो : एक फाँसी का फन्दा मुफ्त दे सकते हैं! भगवान् के लिए? और कुछ नहीं।

ऐन्टोनियो : मैं ड्यूक और न्यायालय से प्रार्थना करता हूँ कि जो जुर्माना इसकी आधी जायदाद से सम्बन्ध रखता है, जिसे राज्य ले लेगा, उसे क्षमा किया जाए; बशर्ते कि यह बाकी आधी मुझे दे दे, एक ट्रस्ट के रूप में। ताकि मैं उस भाग को उस व्यक्ति को इसकी मृत्यु के बाद दे सकूँ, जिसने इसकी पुत्री से विवाह किया है। यह जो इसे सहूलियत दी जा रही है, इसके बदले में मैं इसके सामने दो शर्तें पेश करता हूँ—एक यह कि यह तुरन्त ईसाई धर्म को अंगीकार कर ले, दूसरे यह न्यायालय में ही वह लिखा-पढ़ी पक्की कर दे जिसमें साफ़ लिखा हो कि जायदाद का आधा हिस्सा इसकी मौत के वक्त इसके दामाद और इसकी बेटी को मिल जाए।

ड्यूक : यह ऐसा ही करेगा, वरना अभी जो क्षमा दी गई है वह वापस ले ली जाएगी।

पोर्शिया : यहूदी! क्या तुम तृप्त हो? कुछ कहना है?

शाइलॉक : मैं तृप्त हूँ।

पोर्शिया : क्लर्क विरासत का दस्तावेज़ तैयार करो।

शाइलॉक : मैं प्रार्थना करता हूँ कि मुझे यहाँ से जाने की आज्ञा दी जाए। मेरी तबीयत ठीक नहीं है। मेरे पास दस्तावेज़ भेज दीजिए। मैं दस्तखत कर दूँगा।

ग्रेशियानो : जब तुम ईसाई होगे तो तुम्हारे दो धर्मपिता[1] होंगे। यदि मैं न्यायकर्त्ता होता तो मैं तुम्हें 12 धर्मपिता देता ताकि जूरी बनकर वे तुम्हें ईसाई बनाने के बजाय फाँसी की सज़ा देते।

[शाइलॉक का प्रस्थान]

ड्यूक : (*पोर्शिया से*) मैं आपको आज अपने यहाँ भोजन पर निमंत्रित करता हूँ।

पोर्शिया : मैं अत्यन्त विनय से क्षमा माँगता हूँ। मुझे आज रात ही पदुआ के लिए कूच कर देना है और यह मेरे लिए बहुत ही आवश्यक है।

ड्यूक : क्या करें! खेद है कि आपको तनिक भी अवकाश नहीं। ऐन्टोनियो! इन्हें अच्छा पुरस्कार देना। तुम वास्तव में इनके बहुत ऋणी हो।

[ड्यूक तथा उसके सेवकों का प्रस्थान]

बैसैनियो : योग्य मित्र! आप ही की बुद्धिमत्ता से मैं इस भयानक संकट से निकल सका हूँ। आपके इस कष्ट के लिए हम शाइलॉक को दिए जानेवाले 3000 ड्यूकैट आपकी सेवा में अर्पित करना चाहते हैं।

ऐन्टोनियो : और हम सदा सर्वदा के लिए प्रेम और सेवा के क्षेत्र में आपके ऋणी बने रहेंगे।

पोर्शिया : जो पूर्ण तृप्त हो जाता है, उसे पूरा ईनाम भी मिल जाता है। तुम्हें छुड़ाकर मैं पूर्ण सन्तुष्ट हूँ। और इसीलिए यह मानता हूँ कि मुझे पूरा ईनाम मिल चुका है। रुपये की तरफ तो मेरा ध्यान नहीं था। मैं चाहता हूँ तुम सुखी रहो। अब विदा हो।

बैसैनियो : श्रीमान्! हम तो आपको इस विषय में दबाने के लिए मजबूर हैं। आप फ़ीस के तौर पर नहीं, हमारी यादगार के तौर पर

---

1. ईसाई बनाते समय एक व्यक्ति धर्मपिता बनता है। यहाँ दो हैं—पोर्शिया और ऐन्टोनियो।

ही कोई भेंट तो लेते जाइए। मैं प्रार्थना करता हूँ, अस्वीकार न कीजिए।

पोर्शिया : आप तो बहुत दबाते हैं। खैर मानना ही पड़ेगा। (*ऐन्टोनियो से*) मुझे अपने दस्ताने दे दीजिए, आपकी खातिर उन्हें पहना करूँगा। (*बैसैनियो से*) आपके प्रेम की याद में मैं आपसे यह अँगूठी लूँगा। हाथ पीछे न खींचिए। मुझे और कुछ नहीं चाहिए। फिर प्रेम है तो क्या आप इससे इनकार कर देंगे?

बैसैनियो : यह अँगूठी! श्रीमान! क्या बताऊँ! बड़ी मामूली चीज़ है। आपको इसे देना तो आपकी तौहीन करना है।

पोर्शिया : मुझे तो बस यही चाहिए, अब तो बस मन में भर गई।

बैसैनियो : मैं इसकी कीमत की वजह से नहीं हटता। मैं ऐलान करा के वेनिस की बहुत कीमती चीज़ आपके लिए तलाश कराता हूँ। पर इसके लिए मुझे माफ़ कीजिए। बस इतनी मेरी मान जाइए।

पोर्शिया : आप भी खूब ही देते हैं। एक तो मुझसे याचना करा ली और अब मुझे सिखा रहे हैं कि भिखारी को कैसे जवाब दिया जाता है?

बैसैनियो : श्रीमान्! यह अँगूठी तो मेरी पत्नी ने मुझे दी थी। और जब उसने पहनाई थी तब मुझसे कसम ले ली थी कि न मैं इसे बेचूँगा, न गँवाऊँगा।

पोर्शिया : यह तो मर्दों में न देने के लिए आम बहाना है। अगर आपकी पत्नी पागल ही है, तो और बात है। क्या मैं इस अँगूठी के योग्य नहीं हूँ? आप मुझे दे देंगे तो क्या वह बुरा मानेंगी। चलें। रखिए। तकलीफ न उठाइए।

[पोर्शिया और नैरिसा का प्रस्थान]

ऐन्टोनियो : श्रीमन्त बैसैनियो! अँगूठी दे दो न? क्या उसका काम और मेरा प्रेम दोनों भी ऐसे नहीं हैं कि तुम्हारी पत्नी की आज्ञा को बदल सकें?

बैसैनियो : ग्रेशियानो! लेना दौड़ के उसे रोकना। उसे यह अँगूठी दे दो। और हो सके तो उसे ऐन्टोनियो के घर ले आना। जल्दी जाओ।

[ग्रेशियानो का प्रस्थान]

चलो, हम तब तक वहाँ पहुँच जाएँ। हम लोग कल शाम को बेलमोन्ट के लिए रवाना होंगे। चलो ऐन्टोनियो, अब चलें।

[प्रस्थान]

दृश्य 2

[वही; पथ]

[पोर्शिया, नैरिसा का पुरुष-वेश में ही प्रवेश]

पोर्शिया : यहूदी का घर तलाश करो। उसे दस्तावेज़ दे दो और उससे दस्तखत करा लो। हम आज रात चलेंगे और अपने पतियों के आने से एक दिन पहले ही पहुँच जाएँगे। लौरेन्जो तो इस दस्तावेज़ को पाकर खुश हो जाएगा।

[ग्रेशियानो का प्रवेश]

ग्रेशियानो : श्रीमान्! बड़े भाग्य कि आप मिल तो गए! श्रीमन्त बैसैनियो ने बाद में सोचने पर अपना इरादा बदल दिया। उन्होंने अँगूठी भिजवाई है। उन्होंने आपको ऐन्टोनियो के घर पर भोजन के लिए निमन्त्रित भी किया है।

पोर्शिया : यह तो नहीं हो सकता। मैं नहीं आ सकूँगा। हाँ, अँगूठी के लिए धन्यवाद देता हूँ। कृपया आप उनसे कह दें। और हाँ, कृपया तनिक शाइलॉक का घर इस नौजवान को दिखा दें।

ग्रेशियानो : ज़रूर-ज़रूर।

नैरिसा : श्रीमान्! मैं कुछ कहना चाहता हूँ। (*पोर्शिया से अलग*) मैं देखती हूँ यदि मैं अपने पति की अँगूठी ले सकूँ, जिसे मैंने देते समय प्रतिज्ञा

करा ली थी कि वे सदैव अपने पास रखेंगे।

पोर्शिया : (*नैरिसा से अलग*) ले ले। ज़रूर मिलेगी। उन्होंने तो मर्दों को अँगूठियाँ दी हैं, पर हम तो कसम खाकर विरोध करेंगी और कहेंगी कि नहीं स्त्रियों को दी हैं (*ज़ोर से*) जल्दी-जल्दी करो। तुम जानते हो कि मैं कहाँ प्रतीक्षा करूँगा।

नैरिसा : श्रीमान्! आप ही मुझे घर दिखाएँगे न?

[प्रस्थान]

पाँचवाँ अंक

दृश्य 1

[बेलमोन्ट; पोर्शिया के घर का रास्ता]
[लौरेन्जो और जैसिका का प्रवेश]

लौरेन्जो : कैसी चाँदनी बिखरी हुई है। मीठी बयार नि:शब्द-सी वृक्षों को चूमती हुई बह रही है। ऐसी ही चाँदनी रात में ट्रोइलस टॉय नगर की प्राचीर पर चढ़ा होगा और उसने उन यूनानी शिविरों की ओर देखकर लम्बी-लम्बी आहें भरी होंगी जहाँ उसकी विश्वासघातिनी प्रिया क्रैसिडा सो रही होगी।[1]

जैसिका : ऐसी चाँदनी रात में थिस्बी भीरुता से ओस भीगी घास पर चली होगी और जब उसने सिंह की छाया देखी होगी, तब घोर आतंक से भरकर भाग गई होगी।

लौरेन्जो : ऐसी ही चाँदनी रात में कारथेज की रानी दीदो उत्ताल तरंगों से आन्दोलित समुद्र-तीर पर बिना एक भी हरी डाल हाथ में लिए खड़ी रही होगी, जहाँ से उसने अपने प्रेमी ईनीज़ को विदा दी होगी और अनुनय-भरे स्वर में कहा होगा कि शीघ्र ही कारथेज लौट आना।

जैसिका : ऐसी ही चाँदनी रात में जेसन की पत्नी मीडिआ ने ऐन्द्रजालिक जड़ी-बूटियाँ एकत्र की होंगी, जिनसे उसने अपने ससुर ईसन को फिर युवक बना दिया था।

लौरेन्जो : ऐसी ही सुन्दर रात को धनी यहूदी की पुत्री जैसिका अपने पिता

---

1. एक प्राचीन यूनानी कथा का सन्दर्भ। इसी प्रकार यहाँ कई कथाएँ आई हैं जिनका मूल तात्पर्य प्रेम व्यक्त करना है।

के घर से भागी थी अपने निर्धन प्रेमी के साथ बेलमोन्ट को।

जैसिका : ऐसी ही मधुर रात्रि को तरुण लौरेन्जो ने जैसिका से अपना अखण्ड और सर्वकालीन प्रेम प्रकट किया था और अपनी अनेक विश्वासदायिनी और शाश्वत रहने वाले प्रेम की प्रतिज्ञाओं से उसका हृदय जीत लिया था। वे प्रतिज्ञाएँ जिनमें से एक भी विश्वास करने योग्य नहीं थी।

लौरेन्जो : ऐसी ही मनोहर रात में सुन्दरी जैसिका ने अपनी तेज़ जीभ से अपने प्रेमी के विश्वास पर संदेह किया था, जिसे उसने क्षमा कर दिया था।

जैसिका : ऐसी ही रात के तुम्हारे इस खेल में मैं तुम्हें अवश्य हरा देती, यदि कोई आता न होता। देखो न? किसी की पदचाप सुनाई दे रही है।

<h3 align="center">[स्टीफेनो का प्रवेश]</h3>

लौरेन्जो : रात के सन्नाटे में इतनी तेज़ी से कौन आ रहा है?

स्टीफेनो : मित्र!

लौरेन्जो : मित्र! कौन मित्र! तुम्हारा नाम! बताओ मित्र!

स्टीफेनो : मेरा नाम स्टीफेनो है और मैं यह संवाद लाया हूँ कि मेरी स्वामिनी पौ फटने से पहले यहाँ बेलमोन्ट में आ पहुँचेंगी। वे यहाँ-वहाँ तीर्थ-यात्री की भाँति घूम रही हैं और जहाँ-जहाँ पवित्र गिरजे हैं वहाँ-वहाँ दर्शन करतीं, एक सुखी दाम्पत्य के लिए प्रार्थना करतीं, शुभकामना करतीं, पर्यटन कर रही हैं।

लौरेन्जो : उसके साथ कौन आ रहा है?

स्टीफेनो : केवल एक पवित्र साधु है और नैरिसा है। क्या मेरे स्वामी बैसैनियो लौट आए हैं?

लौरेन्जो : नहीं वे नहीं आए, और न अभी कोई खबर आई है। चलो जैसिका भीतर चलें और श्रीमती पोर्शिया के महान् स्वागत का आयोजन करें।

[लॉन्सलौट का प्रवेश]

लॉन्सलौट : ऐ हो, ऐ हो! कहाँ हो! बोलो! बोलो!

लौरेन्जो : कौन है?

लॉन्सलौट : अरे? स्वामी लौरेन्जो कहाँ हैं! स्वामी लौरेन्जो।

लौरेन्जो : अरे चिल्लाओ मत! मैं यहाँ हूँ।

लॉन्सलौट : आप कहाँ हैं?

लौरेन्जो : यहाँ हूँ तो!

लॉन्सलौट : उनसे कहो कि स्वामी बैसैनियो के पास से एक दूत आया है और संवाद लाया है कि वे पौ फटते तक आ पहुँचेंगे।

[प्रस्थान]

लौरेन्जो : प्रिये जैसिका! भीतर चलो और वहीं उनकी प्रतीक्षा करें। और फिर बात ही क्या है? हम भीतर ही क्यों जाएँ? स्टीफेनो! तुम सेवकों को सूचना दे दो कि श्रीमती पोर्शिया शीघ्र आ रही हैं और घर के गाने-बजाने वालों से भी कह दो कि तैयार हो जाएँ और बाग में आ जाएँ।

[स्टीफेनो का प्रस्थान]

इस तीर पर चाँदनी कैसी जादू-भरी-सी सो रही है! आओ यहाँ बैठें और मधुर संगीत सुनें। संगीत की मीठी तानों से रात की पूर्ण निस्तब्धता कितनी एकाकार हो गई है। बैठो जैसिका! देखो, सुवर्ण की कोशिकाओं से जटिल आकाश कितना सुहावना लग रहा है। छोटे से छोटा नक्षत्र भी आज मानो मधुरतम स्वर से गा रहा है, घूमता हुआ, मानो वे सब देवदूत हैं, सुन्दर! ऐसी ही संगीत की तल्लीनता अमर आत्माओं में भी होती है, किन्तु जब तक यह आत्मा क्षणभंगुर पार्थिव शरीर में रहती है तब तक हम उसे सुन नहीं पाते।

[संगीतज्ञों का प्रवेश]

आओ! आओ! डायना[1] को अपने गीत से जगाओ। मीठे स्वरों से अपनी स्वामिनी की श्रुतियों को भर दो और उन्हें घर की ओर खींच लाओ।

[संगीत]

जैसिका : मैं जब भी मधुर संगीत सुनती हूँ तब उदासी-सी मुझ पर छा जाती है।

लौरेन्जो : इसका कारण है कि तुम उसमें तल्लीन हो जाती हो। जंगली और हिंस्र पशु भी संगीत से प्रभावित हो जाते हैं। चंचल और अनसीखे घोड़े भी, जो कि भयानक ढंग से कूदते हैं, चिल्लाते और ज़ोर से हिनहिनाते हैं, शक्ति के स्फुरण से उच्छृंखल होते हैं, वे भी यदि तुरही-नाद सुनते हैं या संगीत की मधुर धारा उनके कानों में पड़ जाती है, तो शान्त इकट्ठे होकर खड़े होते जाते हैं। उनकी बर्बर आँखों में एक कोमलता आ जाती है। संगीत की ऐसी ही शक्ति है, इसलिए लैटिन भाषा के कवि ओविड ने कल्पना की थी कि ऑरफियस अपने संगीत से न केवल हिंस्र पशुओं को काबू में कर लेता था वरन् उसका प्रभाव वृक्षों और चट्टानों पर भी पड़ता था। झरने मानो उसके वाद्ययन्त्र की ध्वनि का अनुसरण करते हुए बहते थे। कैसा भी क्रूर और कर्कश शक्ति क्यों न हो, संगीत सदैव हृदय को कोमल बना देता है। जो न स्वयं गा पाता है, न संगीत से प्रभावित होता है, वह बड़ा ही खतरनाक होता है। वह विश्वासघात, धोखा, षड्यन्त्र और लूट जैसे बीभत्स और घातक कर्म भी कर सकता है। उसके विचार और भावनाएँ अन्धकारमय और जघन्य होती हैं। ऐसे व्यक्ति का कभी विश्वास नहीं करना चाहिए। सुनो। संगीत सुनो।

---

1. डायना—चन्द्रमा। यूरोप में चन्द्रमा को देवता नहीं, देवी मानते हैं। डायना उस रूपवती देवी का नाम है।

[पोर्शिया और नैरिसा का प्रवेश]

पोर्शिया : वह प्रकाश मेरे भवन के मुख्य प्रकोष्ठ से आ रहा है। देखती हो, छोटी मोमबत्ती भी कितनी दूर तक अपनी किरण फेंकती है। इस कुटिल संसार में अच्छा काम इसी प्रकार प्रकाशित होता है।

नैरिसा : हम चाँदनी में उस मोमबत्ती के प्रकाश को नहीं देख सके थे।

पोर्शिया : महान गौरव इसी प्रकार लघुता को ढक लेता है। सम्राट् के अभाव में उसके स्थान पर काम करने वाला ही चमकता है। किन्तु सम्राट् के आते ही वह दिखना बन्द हो जाता है, जैसे कोई क्षीण जलधारा समुद्र में गिरने पर अपना व्यक्तित्व खो बैठती है। सुनो न ? संगीत की मधुर तान को सुनो।

नैरिसा : श्रीमती! यही संगीत तो अपने ही घर में हो रहा है।

पोर्शिया : अपने सन्दर्भ के बिना कुछ भी अच्छा नहीं लगता। दिन की तुलना में संगीत रात की निस्तब्धता में कितना मोहक लगता है!

नैरिसा : श्रीमती! यह तो नीरवता ही है जो संगीत का सम्मोहन इतना बढ़ा रही है।

पोर्शिया : यदि हमने दोनों को नहीं सुना होता तो क्या श्यामा का संगीत हमें कौए की कर्कश आवाज़ की तुलना में विशेष अच्छा लगता ? यदि कोई मधुर स्वर का कोकिल दिन में उस समय गाए जब कि बत्तख करकती आवाज़ें करती हैं, तब कौन उसे विशेष महत्त्व देता है ? उपयुक्त समय और स्थान से ही बहुत-सी वस्तुएँ प्रशंसा को प्राप्त होती हैं। कितना निस्तब्ध! चन्द्रदेवी अपने प्रेमी एण्डिमियन[1] के साथ सो रही है। कहीं जाग न जाए।

[संगीत रुकता है।]

लौरेन्जो : यदि मैं भूल नहीं कर रहा हूँ तो वह स्वर अवश्य ही पोर्शिया का है।

---

1. चन्द्रमा एक देवी है, अत: उसका एक प्रेमी भी है।

पोर्शिया : वह मुझे ऐसा जानता है जैसे बुरे स्वर के कारण अन्धा आदमी कुक्कू पक्षी को पहचान लेता है।

लौरेन्जो : श्रीमती, स्वागत है! आइए घर पधारिए!

पोर्शिया : हम अपने पतियों के कुशल-मंगल की प्रार्थनाएँ करती घूम रही थीं। उनके फलस्वरूप वे तो सकुशल आ पहुँचे होंगे न?

लौरेन्जो : श्रीमती! अभी तो नहीं। किन्तु कुछ पहले एक संवादवाहक आया था जिसने कहा था कि वे आने वाले हैं।

पोर्शिया : भीतर जाओ नैरिसा! मेरे सेवकों से कहो कि वे ऐसी कोई बात प्रकट न होने दें कि हम अभी तक यहाँ नहीं थीं। लौरेन्जो! जैसिका! सुनते हो न? कहना नहीं।

[तूर्य-नाद]

लौरेन्जो : आपके पति निकट हैं। मैं तूर्य-नाद सुन रहा हूँ हम इधर-उधर लगाने वाले नहीं हैं श्रीमती! आप चिन्ता न करें।

पोर्शिया : रात कितनी उजली है, ऐसा लगता है जैसे कोई धुँधला-सा दिन हो जब सूर्य मेघों में छिप जाता है।

[बैसैनियो, ऐन्टोनियो, ग्रेशियानो और सेवकों का प्रवेश]

बैसैनियो : हमारे यहाँ तो दिन ही रात में भी रहे, जैसे संसार की दूसरी तरफ़ होगा, यदि तुम (*पोर्शिया*) सूर्य के स्थान पर चलती रहो।

पोर्शिया : मुझे प्रकाश देने दो, लेकिन हल्का[1] मत बनने दो, क्योंकि जो स्त्री तुच्छ होती है उसका पति सदैव व्यथित रहता है, उसका जीवन भारी हो जाता है। मैं तुम्हें ऐसा नहीं होने दूँगी बैसैनियो! परमात्मा सब घटनाओं से मुक्ति दे। मेरे स्वामी! आपका अपने घर में स्वागत है।

बैसैनियो : मैं तुम्हें धन्यवाद देता हूँ श्रीमती! मेरे मित्र का स्वागत करो। यही ऐन्टोनियो हैं। इन्हीं से मेरा इतना गहरा स्नेह है।

---

1. शेक्सपियर ने Light का प्रयोग किया है, जिसके दोनों अर्थ हैं—प्रकाश, हल्का या तुच्छ।

पोर्शिया : इनसे तो आपको सदैव ही स्नेह रखना चाहिए, क्योंकि मैंने सुना है इनका आप पर अगाध स्नेह है। आपके कारण ही तो इतने ऋणी ये रहे!

ऐन्टोनियो : कैसे भी रहे हों, अब मैं सबसे मुक्त हूँ।

पोर्शिया : स्वागत है श्रीमान्! यह स्वागत केवल शाब्दिक नहीं होना चाहिए, इसलिए इतना ही कहकर चुप हो जाती हूँ।

ग्रेशियानो : (*नैरिसा से*) इस प्रकाशमान चन्द्र की सौगन्ध है, तुम मुझे व्यर्थ ही दोष दे रही हो। मैं तुम्हें विश्वास दिलाता हूँ कि मैंने वकील के क्लर्क को अँगूठी दी है और किसी को नहीं। मैं तो यही चाहता हूँ कि जिसे मैंने अँगूठी दी है वह मर ही जाए, क्योंकि तुम्हारे गुस्से का तो छोर ही नहीं!

पोर्शिया : क्यों शादी के बाद इतनी जल्दी झगड़ना शुरू कर दिया? बात क्या है?

ग्रेशियानो : झगड़ा तो उस मामूली सोने की अँगूठी के पीछे है जो इसने मुझे दी थी। उसके भीतर की तरफ़ खुदा हुआ था, जैसे चाकू-वाकू पर खुदा होता है : 'मुझसे प्रेम करो या मुझसे वियोग मत करो।'

नैरिसा : तुम उस आलेख की बात क्यों करते हो? तुम उस अँगूठी की कीमत पर क्यों बोलते हो? तुमने, जब मैंने अँगूठी दी थी, वादा किया था कि तुम मृत्यु तक उसे पहने रहोगे। और वह तुम्हारे साथ कब्र में रहेगी। मेरे लिए न सही, तुम्हारी प्रतिज्ञाओं के लिए ही सही, तुमने उसे निबाहा तो होता, इसीलिए रखे होते। एक वकील के क्लर्क को दे दी। नहीं! भगवान मेरा न्याय करे। तुमने जिस क्लर्क को वह अँगूठी दी है, उसके गालों पर कभी बाल नहीं उगेंगे न?

ग्रेशियानो : वह पुरुष है, स्त्री नहीं। जब उम्र होगी तब दाढ़ी भी उग आएगी उसके।

नैरिसा : हाँ-हाँ, अगर औरत मर्द बन जाएगी तो उसके भी दाढ़ी उगेगी।

ग्रेशियानो : मैं अपने इस हाथ की कसम खाकर कहता हूँ कि मैंने अँगूठी एक नौजवान को दी है। वह वैसे मरा-सा नाटा-सा लड़का था,

बक-बक करता था, पीछे पड़ गया कि हमारी सेवा के बदले में दे दीजिए और मैं उससे इनकार नहीं कर सका।

पोर्शिया : (*ग्रेशियानो से*) मैं स्पष्ट कह दूँ कि आपने अपनी पत्नी की वस्तु इतनी शीघ्रता से देकर अपराध ही किया है। उसने अँगूठी दी थी। और आपने प्रतिज्ञा की थी कि सदैव अपने पास रखेंगे विश्वासपूर्वक। मैंने भी अपने पति को एक अँगूठी दी थी। उन्होंने भी उसे सदैव अपने पास रखने की प्रतिज्ञा की थी। वे यहीं हैं। मैं विश्वासपूर्वक कह सकती हूँ कि उसे कभी नहीं छोड़ सकते चाहे सारे संसार की सम्पत्ति भी उन्हें क्यों न दे दी जाए। सच ग्रेशियानो ! तुम्हारी पत्नी बिलकुल उचित ही तुम्हारे इस कार्य का विरोध कर रही है। अगर ऐसा मेरे साथ होता तो मैं पागल हो गई होती।

बैसैनियो : (*स्वगत*) जी करता है अपना बायाँ हाथ काट डालूँ और इसे विश्वास दिलाऊँ कि एक चोर से अपनी अँगूठी की रक्षा करते समय कट गया।

ग्रेशियानो : श्रीमन्त बैसैनियो ने भी अपनी अँगूठी वकील को दे दी। उसने इनसे माँगी थी और सचमुच उसकी सेवाएँ ऐसी थीं कि वह उसके योग्य था। और वकील के क्लर्क, जिसने दस्तावेज़ की नकल की थी, ने मेरी अँगूठी माँग ली। वकील और उसका क्लर्क अंगूठियों के सिवाय कुछ और लेने को ही तैयार नहीं होते थे।

पोर्शिया : मेरे स्वामी ! आपने वकील को कौन-सी अँगूठी दे दी ? वह तो नहीं दी होगी जो मैंने आपको दी थी।

बैसैनियो : यदि झूठ बोलने से अपराध छिप जाता तो मैं बोल भी देता, लेकिन क्या करूँ, उँगली तो खाली है। अँगूठी चली गई।

पोर्शिया : जैसे तुम्हारी उँगली बिना अँगूठी की है, वैसे ही तुम्हारा झूठा हृदय भी सत्य से शून्य है। मैं तो तब तक तुम्हारी पत्नी नहीं होऊँगी जब तक अँगूठी नहीं देख लेती।

नैरिसा : सुनो ग्रेशियानो ? जब तक अँगूठी नहीं दिखाओगे तब तक मैं तुम्हारी पत्नी नहीं बनूँगी।

बैसैनियो : प्रिये पोर्शिया! यदि तुम जानतीं कि मैंने अँगूठी किसे दी है, यदि तुम यह जानतीं कि मैंने उसे किसके लिए दी है, यदि यह भी सोच पातीं कि मैंने वह अँगूठी क्यों दे दी है, कितनी अनिच्छा से उससे वियोग किया है, तब दी है जब वह और कुछ लेता ही न था, तब शायद तुम मुझ पर इतना क्रुद्ध नहीं होतीं।

पोर्शिया : यदि तुम अँगूठी की शक्ति जानते होते, यदि तुम अपने कर्त्तव्यों से अवगत होते कि केवल उस अँगूठी से ही तुम अपना सम्मान जीवित रख सकते हो, तुमने वह इस तरह कभी नहीं दे दी होती। संसार में ऐसा कोई भी अनर्गल आदमी नहीं हो सकता कि वह उसे ही लेने पर अड़ जाए जिसे तुम इतना पवित्र कहते हो। यदि तुमने अपने हृदय के आवेगों को प्रकट करके तर्क किया होता, अपनी अँगूठी अपने पास बनाए रखने की तीव्र इच्छ प्रकट की होती तो ऐसा न होता। मैं भी नैरिसा की भाँति यही सोचती हूँ कि तुमने वह अँगूठी किसी स्त्री को ही दी होगी। मैं तो इस बात पर अपनी ज़िन्दगी की शर्त लगा सकती हूँ।

बैसैनियो : श्रीमती, सुनो! मैं अपने आत्मसम्मान की शपथ खाता हूँ किसी स्त्री ने नहीं, वकील ने ली है। उसने मुझसे 3000 ड्यूकैट लेने से इनकार कर दिया और अँगूठी माँगी। मैंने उससे इनकार कर दिया, और वह असन्तुष्ट चला गया—वह चला गया जिसने मेरे इतने प्रिय मित्र के जीवन की रक्षा की थी। क्या कहूँ सुन्दरी! मुझे मजबूर किया गया कि अँगूठी उसके पास भेज दूँ। मुझे दाक्षिण्य और लज्जा ने घेर लिया। मेरा आत्मसम्मान मुझे धिक्कार देने लगा कि मैं इतना अकृतज्ञ कैसे हो गया। क्षमा करो देवी! रात्रि के इन टिमटिमाते अनन्त के दीपकों[1] की शपथ! यदि तुम वहाँ होतीं, तो स्वयं तुमने ही उस योग्य वकील को उपहारस्वरूप देने को वह अँगूठी मुझसे माँग ली होती।

---

1. तारों

पोर्शिया : उस वकील को मेरे घर से दूर रखिए। जिस रत्न को मैं इतना चाहती थी, वह उसे ही ले गया है। तुमने तो मेरे लिए उसे सदैव अपने पास रखने की प्रतिज्ञा की थी। मैं भी तुम्हारी भाँति उदार हो जाऊँगी वह जो माँगे उसे वही दे दूँगी।

नैरिसा : (*ग्रेशियानो से*) मैं उसके क्लर्क से कुछ भी इनकार नहीं करूँगी। इसलिए तुम्हें यही राय देती हूँ कि मेरी अच्छी निगरानी रखना।

ऐन्टोनियो : यह सब झगड़े मुझ अभागे के कारण ही हैं।

पोर्शिया : नहीं श्रीमान्! आप खेद न करें। कुछ भी हो, आपका तो स्वागत है।

बैसैनियो : पोर्शिया विवशता के इस अपराध के लिए मुझे क्षमा करो। अपने इतने मित्रों के सामने मैं तुम्हारी सुन्दर आँखों की शपथ खाकर कहता हूँ, जहाँ मैं अपनी छाया देखता हूँ कि मैंने मजबूरी से ऐसा किया।

पोर्शिया : देखी आपने यह कसम! अपनी छाया मेरी आँखों में देखते हैं। दो आँखें हैं, दो छाया हुईं। यों दो-दो जीभ[1] की कसम हो गई। उसका मूल्य ही क्या है?

बैसैनियो : लेकिन सुनो तो! इस अपराध को भूल जाओ, और सुनो मैं प्रतिज्ञा करता हूँ, अपनी आत्मा की शपथ ग्रहण करता हूँ कि अब कभी कोई बात कहकर नहीं तोड़ूँगा।

ऐन्टोनियो : एक बार मैंने अपना जीवन इसके सुख के लिए दांव पर रखा था। जिसे बैसैनियो ने अँगूठी दी है, उस वकील ने ही सफलता से मेरी रक्षा की है। मैं बैसैनियो के लिए अपनी आत्मा की जमानत देता हूँ कि यदि अब बैसैनियो अपनी बात नहीं रखेगा तो मैं अपनी जान दे दूँगा।

पोर्शिया : तो आप ज़ामिन हुए। तो इन्हें अँगूठी दे दीजिए। यह लीजिए। और कह दीजिए इसकी ठीक से हिफ़ाज़त करें।

---

1. दो जीभ—मूल्य-रहित बात। हिन्दी में कहते हैं...क्या साँप-सी दो जीभ की बात कहते हो।

ऐन्टोनियो : यह लो बैसैनियो! इस अँगूठी की रक्षा करने की शपथ ग्रहण करो।

बैसैनियो : अरे! यह तो वही है जो मैंने उस वकील को दी थी।

पोर्शिया : क्षमा करो बैसैनियो! मैंने यह उसी से ली है।

नैरिसा : श्रीमान ग्रेशियानो! क्षमा करें मैंने भी डॉक्टर के क्लर्क उसी नाटे लड़के से यह अँगूठी पाई है।

पोर्शिया : तुम सब आश्चर्य में पड़ गए? यह पत्र है फ़ुरसत में पढ़ना। पदुआ से बैलारियो के पास से आया है। इसमें लिखा है कि वकील तो पोर्शिया थी और नैरिसा उसका क्लर्क बनी थी। लौरेन्जो यहीं है और गवाह है कि तुम लोगों के जाते ही मैं भी चली गई थी और अभी लौटी हूँ। अभी तो मैं अपने घर में भी नहीं घुसी हूँ। स्वागत है ऐन्टोनियो! और जिसकी तुम आशा भी नहीं करते, मैं तो तुम्हें ऐसी अच्छी खबर सुनाऊँगी! यह पत्र शीघ्र मुहर तोड़कर खोलो। तब तुम्हें पता चलेगा कि अकस्मात ही तुम्हारे बहुत माल से लदे तीन जहाज़ बन्दरगाह पर आ गए हैं। पर यह नहीं बताऊँगी कि मुझे यह पत्र कैसे मिला।

ऐन्टोनियो : मैं तो वैसे ही अवाक् हूँ।

बैसैनियो : तुम वकील बनी थीं, मैं तो तुम्हें पहचान भी न पाया।

ग्रेशियानो : तुम क्लर्क थीं।

ऐन्टोनियो : श्रीमती! आपने मुझे जीवन ही नहीं दिया, वरन् जीविका भी दी है। क्योंकि इसमें स्पष्ट लिखा है कि मेरे जहाज़ बन्दरगाह पर सुरक्षित पहुँच गए हैं।

पोर्शिया : लौरेन्जो! कहो! मेरे क्लर्क के पास तुम्हारे लिए भी कुछ बहुत अच्छी खबर है!

नैरिसा : और मैं तो इनसे फ़ीस भी न लूँगी, यों ही बता देती हूँ। यह है, तुम और जैसिका, दोनों लो, शाइलॉक की विरासत का दस्तावेज़ कि उसकी मृत्यु के बाद उसकी सारी सम्पत्ति लौरेन्जो की हो जाएगी।

लौरेन्जो : सुन्दर देवियो! तुम तो बुभुक्षित जनों के लिए स्वर्ग का भोजन भेजती हो।[1]

पोर्शिया : अरे सुबह हो गई। लेकिन इतनी घटनाएँ हुई हैं कि इनसे निबटना क्या इतना सहज है! चलो भीतर चलें और वहाँ मुझसे चाहे जितने सवाल पूछ लेना, सबका ठीक-ठीक जवाब दूँगी।

ग्रेशियानो : चलिए! यही ठीक है। मैं तो जब तक ज़िन्दा रहूँगा, मुझे किसी भी चीज़ का इतना डर नहीं लगेगा जितना नैरिसा की अँगूठी खो जाने का।

[प्रस्थान]

❑❑❑

---

1. इज़राइली लोगों को स्वर्ग से देवदूतों ने लाकर भोजन खिलाया था, जब वे लोग अरब के निर्जन मरु में फँस गए थे। यह एक 'पुरानी इंजील' की कहानी है।